小さな会社を強くする
ブランドづくりの教科書

岩崎邦彦

日本経済新聞出版

PROLOGUE

モノづくりに勝ち、ブランドづくりに負けた？

突然だが、ここに味と価格がまったく同じ「二つの牛肉」があるとしよう。一つのパッケージには「静岡和牛」と書いてある。もう一つには「松阪牛」と書いてある。

さて、あなたはどちらの牛肉を選ぶだろうか？　繰り返すが、味も価格もまったく同じだ。

選択肢　①どちらでもよい　②静岡和牛　③松阪牛

味も価格も同じだから、「どちらでもよい」が多くなってもいいはずだが、そうはならない。ここで全国の消費者１０００人を対象とした調査の結果をみてみよう。

「松阪牛」……………72・9％
「どちらでもよい」……23・4％
「静岡和牛」…………３・７％

「松阪牛」を選んだ人の数は、「静岡和牛」の約20倍だ。この結果から示唆されることは、品質や価格がまったく同じだとしても、選ばれる商品と、選ばれない商品があるということだ。

では今度は、「静岡和牛」の品質が「松阪牛」より優れているとしたら、どうだろうか？

実際の話を紹介しよう。京都で開催された伝統ある「和牛の品評会」での話だ。その品評会には、松阪、近江、神戸など、そうそうたる銘柄産地の和牛が出品されていた。

厳正な審査の結果、最優秀賞を受賞したのは、「静岡和牛」である。静岡の和牛は、最高レベルの品質である。静岡県は全国有数のモノづくり県として有名だが、農畜産物の分野においても非常にレベルが高い。静岡に暮らす筆者は、静岡県の農産物のおいしさを実感している。

話はここからだ。

その品評会では、直後にセリが行われた。そのセリで最高価格をつけたのは、最優秀賞を受賞した「静岡和牛」だったろうか？

そうではない。最高価格を射止めたのは「松阪牛」。

これがブランドの力だ。最高品質は、必ずしも最高価格を意味しない。最高価格をつけるのは、最高品質ではなく、最も「強いブランド」なのである。

21世紀は、ブランドづくりの時代だ。「モノ」中心の時代は終わり、「よいモノをつくれば売れる」という時代は、もはや過ぎ去った。成熟社会の今日、世の中にはモノがあふれている。モノづくりのレベルはあがり、品質の良い商品を提供できる企業はたくさんある。

だが、単に品質が良いだけでは、消費者は「買いたい気持ち」にはならない。我が国の優秀なモノづくり大企業のいくつかが苦境に陥っているのも、ここに要因があるのかもしれない。我が国のモノづくり力が失われたわけではない。日本企業の技術力はきわめて高い。**「モノづくりでは勝った」しかし「ブランドづくりで負けた」企業が多い**のではないか。

人々を動かす大きな力は、「モノ」から「ブランド」へとシフトしている。消費者に選ばれるためには、モノづくり志向からブランドづくり志向へ発想を転換し、モノを超えた「何か」を創造することが不可欠になっている。

企業の経営者から、こんな言葉を聞くことがある。

「ブランドの重要性はわかるが、うちには予算の余裕もないし、そこまで手をかけられない」

「規模が小さく、人もいないため、ブランドをつくれない」

「歴史も伝統もないし、ブランドづくりは困難だ」


ブランドは、大企業だけのものだろうか？　歴史ある企業だけのものだろうか？

それは違う。規模がない、広告宣伝費もない、歴史もない。そんな世の中の多くの企業でも、ブランドづくりは可能だ。


では、強いブランドは、どうすれば生み出すことができるのだろうか？

どうすれば、既存商品のブランド力を強くすることができるのだろうか？


これが本書のテーマである。

ブランドは、「売りたい商品」を「買いたい商品」に変えてくれる。ブランド力と業績の間には強い相関関係がある。21世紀、企業の競争力は、ブランド力によって決まるといっても過言ではない。

ブランドの時代といわれ、世の中にブランドがあふれているようにみえる。しかし、その多くは「弱いブランド」だ。つまり、単に名前のついた商品にすぎない。**強いブランドは、「名前」も「品質」も超える。**

ブランドは、モノの中にあるのではなく、人の心の中にある。強いブランドは、成り行きまかせではできない。戦略性と創造性をもって、つくりあげるものである。

だが、中小企業や地域産業のブランド構築への取り組みをみると、明確な方向性なしに、試行錯誤しながら、場当たり的に行われているケースが多い。ブランドづくりには「羅針盤」が欠かせない。本書の目的は、**ブランドづくりを考えている企業や地域産業の「羅針盤」**となることである。

本書をまとめるにあたっては、全国の消費者１０００人、東京都の消費者１０００人、全国の中小企業の経営者１０００人を対象とした調査を実施した。本書で提案するブランドづくりの方向性は、消費者データと経営者データで統計的に検証したものである（調査の概要については52ページの注記に示してある）。

加えて本書では、筆者自身が関与している実践例も紹介している。本書の大きな特徴は、**データに基づく「統計的分析」とブランドづくりの「実践」を融合**することによって、普遍性とリアリティを追求している点である。

実践例としてとりあげるのは、高糖度トマトのトップ・ブランド「アメーラ」である。アメーラは、静岡と軽井沢のきれいな水と空気で、大切に育てられている高糖度トマトだ。独自の技術で栽培し、大きさは普通のトマトの3分の1。甘さもおいしさも栄養価も凝縮されている。

アメーラは、日経MJの「トマトのブランド評価」第1位、野菜ソムリエが選ぶトマト第1位、日本農業のトップランナーを表彰する日本農業賞を受賞。東京の市場では、「アメーラの出荷基準が高糖度トマトの出荷基準」といわれる。そのブランド力を背景に、ローソンや山崎製パンなどの大企業とのコラボレーションを実現してきた。東京を主体とした流通戦略を採用しているため、とくに、東京圏のグルメな人々、食のプロフェッショナルにはよく知られたブランドである。

アメーラは、品種の名称ではなく、生産者がつくりあげたブランドだ。ブランドづくりを行うのは、農家10戸で構成するサンファーマーズ。筆者は、サンファーマーズの社外ブレーンとして、生産者とともにアメーラのブランドづくりに取り組んできた。

アメーラの本格的な生産体制が整ったのは２００３年と歴史も浅い。企業規模も小さい。マスメディア広告費もない。にもかかわらず、なぜこのトマトが高糖度トマトの「トップ・ブランド」になったのか？

ファッション製品や工業製品と比べ、農産物のブランド構築は難しいといわれる。なぜなら、商品に明確な違いを出しにくく、品質や価格も一定ではないからだ。アメーラのブランドづくりへのチャレンジは、製造業、商業、サービス業など、幅広い業種への参考になるはずである。

本書が、これからブランドづくりを考えようという読者、既存のブランドを強化したいと考えている読者に、少しでも役立つことができれば幸いである。

さあ、モノづくりを超える、ブランドづくりの旅に出かけよう！

CONTENTS

小さな会社を強くする
ブランドづくりの教科書

CHAPTER2
ブランドの力

CONTENTS

CHAPTER5

強いブランドは、感情に訴える

CHAPTER6

なぜ、二番手ではダメなのか?

CHAPTER7
ブランドづくりは、ひき算である

CHAPTER8

強いブランドの強力な土台

CHAPTER9

目にみえないブランド価値を形にする

CHAPTER10

良い名前、悪い名前

CHAPTER11

誰のためのブランドか？

CHAPTER12

広告に頼らないブランドづくり

CHAPTER15 ブランドづくりにゴールはない

PART1

モノづくりから、ブランドづくりへのシフト

CHAPTER1

ブランドづくりのベクトルを統一しよう

ブランドへの関心の高まり

今日、ブランドへの関心が高まっている。ここで、「ブランド」という言葉が出てくる新聞記事の推移をみてみよう（図1－1参照）。1990年はブランドの記事は年間1188件であったが、2012年は2294件まで増加している。この間、ほぼ2倍の増加だ。

新聞記事の数が増えているということは、ブランドに対する世の中の関心が高まっていることを示す。大学でマーケティングを研究する筆者も、地域産業や企業の方々から、ブランドに対する相談を受けることが多くなった。

図1－2は、「ブランド」の記事の推移に、「コス

図1-1 「ブランド」に関する新聞記事の推移

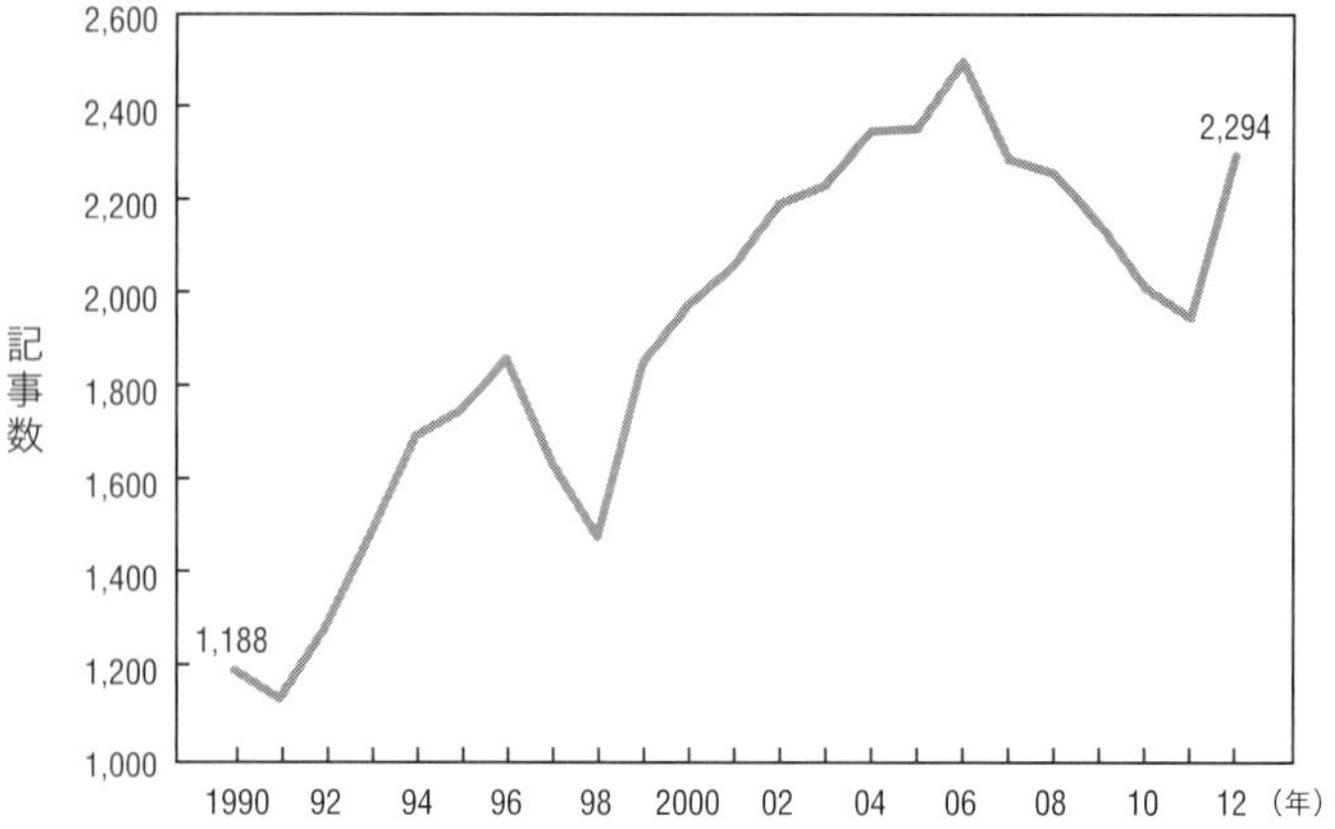

出所）日経テレコンにて、見出し、または本文に「ブランド」を含む日本経済新聞の記事を検索

トダウン」という言葉が含まれる記事の推移を重ねたものである。図から明らかなとおり、両者の推移には顕著な違いがみられる。

「コストダウン」に関する新聞記事は、1990年のバブル崩壊後、一気に増加し、21世紀に入ると減少傾向をみせている。ちなみに「リストラ」に関する記事の推移を調べてみても、「コストダウン」の記事の推移とほぼ同様の傾向にある。

一方、「ブランド」に関する記事の推移は、これとは対照的だ。バブル崩壊後も急増することはなく、次第に増加を続けている。21世紀以降の動きをみても、「リストラ」と「ブランド」のグラフの形状の違いは顕著である。

この違いは、どのように説明できるのだろうか？

図1-2　コストダウンからブランドづくりへ

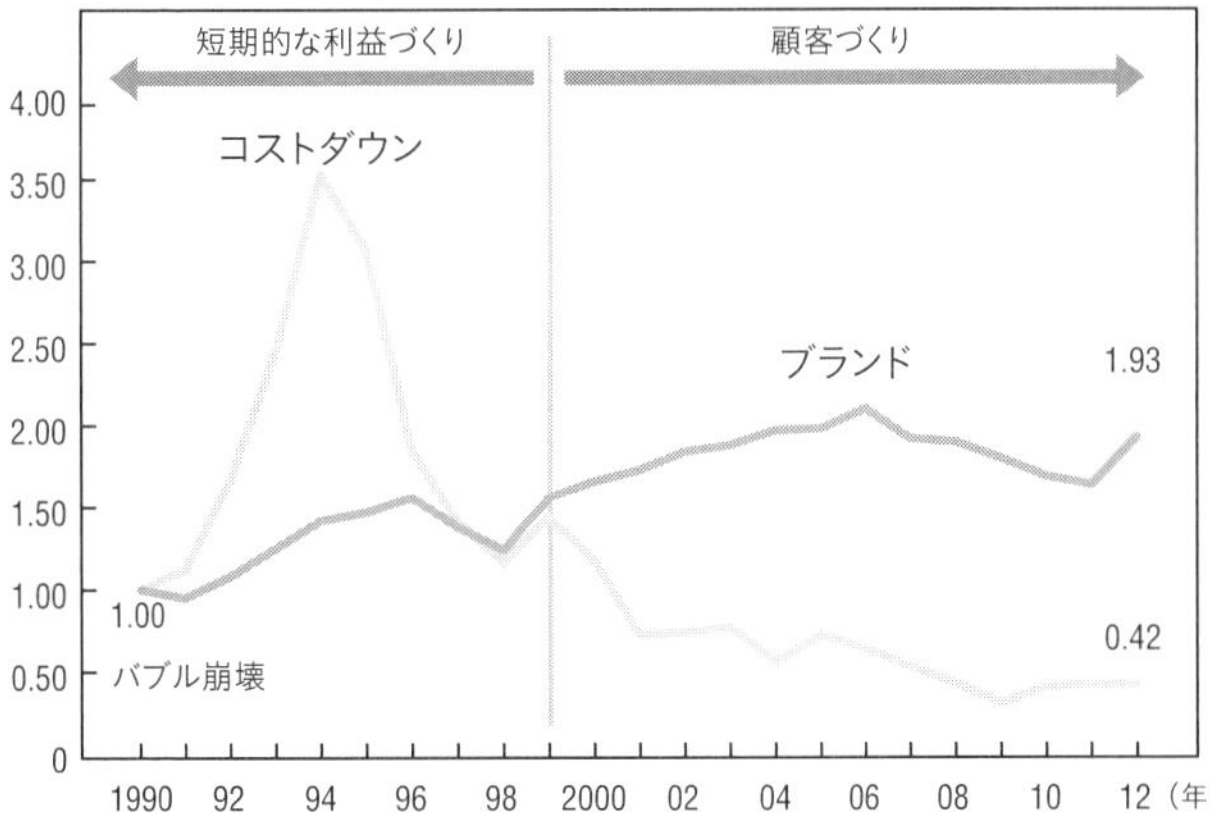

注）数字は、1990年を1.0とした指数

経営の「攻め」と「守り」

企業が、最も手っ取り早く利益を生み出す方法は、コストの削減である。リストラなどでコストを下げれば、短期的な利益は増加する。１９９０年のバブル崩壊後、企業はまず当面の利益の確保に走った。それを反映して、新聞記事も急増したのだろう。だが、人員削減などのコストダウンで目先の利益を確保できたとしても、長期的な利益を生み出すことは不可能である。

コストダウンは、水に濡れたタオルを絞るようなものだ。最初は出てくる水も、しばらくすれば出なくなる。コストを絞り続けることは不可能だ。

コストダウンでは、新たな価値を生み出すことはできない。いくらコストを絞っても新しい顧客は生み出せない。長期的に利益を生み出し、企業が継続していくためには、価値を生み出し、価値を発信し、「顧客をつくること」が欠かせない。ブランドは、今と将来の顧客をつくるための最も強力な武器となる。

経営に「攻め」と「守り」があるとすると、コストダウンは「守り」だろう。一方、ブランドづくりは「攻め」である。21世紀、経営の焦点は「コスト絞り」から、知恵を絞る「ブランドづくり」にシフトしている。

ブランドづくりとは何だろう

ここまでブランドという言葉を繰り返し使ってきたが、いったい「ブランド」や「ブランドづくり」とは何なのだろうか?

ブランドは目にはみえないため、実態をとらえにくい。みんなが「ブランド」という同じ言葉を使いながら、一人ひとりが別の意味を心に描いているケースも多い。

セミナーなどで参加者に、ブランドづくりとは何かと聞いてみると、回答はきわめて多様だ。

「新商品の開発」「新規銘柄の開発」「商品の知名度をあげること」「宣伝をすること」「ブランド名をつけること」「ロゴやキャラクターをつくること」「他社商品との差別化」「宣伝をして、商品を有名にすること」「企業のシンボルをつくること」「商標登録をすること」「高品質な商品をつくること」……。

一人ひとりがバラバラなイメージを描いている。

ここで中小企業の経営者が、ブランドづくりをどのようにとらえているのかをみてみよう。全国の中小企業の経営者1000人に次の文章を示し、空欄に自由に言葉を入れてもらった（注1）。

自社にとって、ブランドづくりとは、□である。

結果は、表1－1のとおりである。ここでは、経営者があげた言葉に含まれる上位10単語を掲載した。

「信頼」「信用」という言葉を入れた経営者が相対的には多いが、それぞれ7・0%、4・8%にとどまる。多くの経営者が共通してあげる言葉はない。この他、上位は「課題」「品質」「個性」「顧客満足」、さらには「努力」や「夢」など、きわめて多様だ。

1000人の経営者が記述した「ブランドづくり」を意味する単語を数えたところ、なんと400を超える言葉が

表1-1　経営者の「ブランドづくり」のとらえ方は多様

順位	キーワード	出現頻度	構成比	順位	キーワード	出現頻度	構成比
1	信頼	70	7.0%	6	顧客満足	18	1.8%
2	信用	48	4.8%	7	自信	17	1.7%
3	課題	32	3.2%	8	努力	16	1.6%
4	品質	24	2.4%	9	独自性	14	1.4%
5	個性	22	2.2%	10	夢	11	1.1%

出所）経営者1,000人調査

あげられている。

「ブランドが大切だ！」「ブランドづくりをしよう！」と叫んでみても、関係する人たちがブランドに対して、それぞれ違うイメージを頭に描いたのでは、効果的なブランドづくりはできない。

ブランドづくりの前提は、まず、「ブランドとは何か」について、ベクトルを合わせることである。そして、メンバーが同じ方向をみることだ。

消費者が、「ブランド」という言葉に持つイメージ

経営者のブランドに有するイメージが、きわめて多様であることはみた。では、一般の消費者は「ブランド」という言葉にどのようなイメージを持っているのだろうか？

それを把握するため、消費者1000人に「ブランドと聞いて、思い浮かべる言葉」を自由にあげてもらった（注2）。結果は、表1－2に示したとおりである。

1000人中219人が「高級・高価」といった言葉をあげている。ついで、「ルイ・ヴィトン」「シャネル」「グッチ」「エルメス」などが続く。

つまり、消費者が「ブランド」という言葉を聞くと、高級・高価なイメージや、ヨーロッパなどのファッション・ブランドを思い浮かべる人が多いということである。

では、ルイ・ヴィトンやシャネルのような海外の高級ファッションだけがブランドなのだろうか？

それは違う。

ファッションだけでなく、車のブランド、家電のブランド、食品のブランドもあれば、農産物のブランドもある。お店のブランド、企業のブランドもある。高価格帯のブランドもあれば、低価格帯のブランドもある。

表1-2　ブランドという言葉を聞いて、思い浮かべる言葉は○○である

順位	キーワード	出現頻度	構成比
1	高級・高価	219	21.9%
2	ルイ・ヴィトン	99	9.9%
3	シャネル	79	7.9%
4	グッチ	33	3.3%
5	エルメス	29	2.9%
6	信頼・安心	26	2.6%
7	ステータス	22	2.2%
8	高品質	21	2.1%
9	バッグ	18	1.8%
10	ファッション	17	1.7%

出所）消費者1,000人調査

どのような商品・サービス、企業・組織でも、さらには地域、人などでも、ブランドになりえる。

ブランドは、消費者が4文字のカタカナ言葉から連想するイメージを超える。「ブランド」は〝言葉〟ではない。ブランドは〝意味〟だ。

この点について、さらに検討していこう。

強いブランドは、「名前」を超える

ブランドとは何か？　手元にある辞書をひけば、次のような意味が出てくる。

（焼印の意）商標。銘柄。特に、名の通った銘柄。（広辞苑第六版）

特定生産者による品物（の全体）。（岩波国語辞典第六版）

ブランドとは元来、「焼印」のことであり、識別手段としての「名前」や特定生産者による「商品」を意味する言葉である。

しかし、考えてみると、今日、名前がない商品をみつけるほうが難しい。ほとんどすべての商品・サービス、組織には名前がついている。ほとんどの地域にも名前がついている。

では、名前がついてさえいれば、どの商品もブランドなのだろうか？　地名がついていれば、どの地域もブランドといえるか？

そのようなことはない。現代のブランドは、識別手段としての「名前」や「商品」を超えた概念である。

最近は、**地域ブランド**という言葉を聞くことも多くなったが、ここで六つの地名をあげてみよう。

「京都」「北海道」「沖縄」「佐賀」「埼玉」「群馬」

目を閉じて、一つひとつの地名を思い浮かべてほしい。まずは、「京都」「北海道」「沖縄」からいこう。

はじめに、「京都」と聞いて、どのようなイメージが頭に浮かぶだろうか？

次に、「北海道」と聞いて、どのようなイメージが頭に浮かぶだろうか？

続いて、「沖縄」と聞いて、どのようなイメージが頭に浮かぶだろうか?

次のページの表1－3は、東京都に居住する消費者1000人に、それぞれの地名を聞いたときに、思い浮かべるイメージを自由に記述してもらった結果である(イメージがまったく浮かばないときには、「とくにない」と記述してもらった)。自由記述で出現した「単語」(上位10)を多い順に並べてある。

「京都」には、寺、神社、歴史情緒あふれる街並みのイメージが浮かぶことがわかる。「北海道」からは、「広大」「自然」「おいしい」といったイメージが描かれる。「沖縄」では、青く、きれいで、美しい海が思い浮かぶのである。

この結果をみると、なぜ全国には40を超える「小京都」があるのか、なぜデパートなどの地方物産展で「北海道フェア」に圧倒的な人気があるのか、なぜ「夏の沖縄」が観光客をひきつけるのか、がよくわかる。

次に、「佐賀」「埼玉」「群馬」についても聞いてみた。

調査結果は、表1－4に示したとおりである。

表1-3　地名を聞いたときに思い浮かべるイメージ(その1)

京都

「とくにない」は1,000人中0人

順位	キーワード	出現頻度	順位	キーワード	出現頻度
1	寺・寺社・寺院	479	6	古い・古風	59
2	古都	230	7	清水寺	57
3	神社・仏閣	173	8	紅葉	50
4	舞妓	108	9	街並み	54
5	歴史・歴史的	78	10	祇園	34

北海道

「とくにない」は1,000人中2人

順位	キーワード	出現頻度	順位	キーワード	出現頻度
1	広大・広い	242	6	牧場	83
2	大自然・自然	240	7	ラベンダー	82
3	雪	124	8	畑	67
4	大地	116	9	雄大	66
5	おいしい	85	10	食べ物・食	57

沖縄

「とくにない」は1,000人中8人

順位	キーワード	出現頻度	順位	キーワード	出現頻度
1	海	650	6	南国	57
2	青い	147	7	首里城	53
3	きれい・うつくしい	140	8	水族館	41
4	シーサー	77	9	暑い	36
5	米軍基地・基地	72	10	サンゴ礁	30

出所)消費者1,000人調査

表1-4　地名を聞いたときに思い浮かべるイメージ(その2)

佐賀

順位	キーワード	出現頻度	順位	キーワード	出現頻度
1	とくにない	470	6	九州	28
2	はなわ	69	7	有田焼	25
3	佐賀牛	43	8	吉野ヶ里遺跡	19
4	焼き物	34	9	みかん	16
5	がばいばあちゃん	30	10	田舎	16

埼玉

順位	キーワード	出現頻度	順位	キーワード	出現頻度
1	とくにない	326	6	スタジアム	30
2	スーパーアリーナ	64	7	田舎	28
3	ベッドタウン	57	8	浦和レッズ	23
4	東京	54	9	大宮	23
5	秩父	40	10	西武	21

群馬

順位	キーワード	出現頻度	順位	キーワード	出現頻度
1	とくにない	306	7	伊香保	25
2	温泉	239	8	田舎	23
3	草津	71	9	サファリパーク	20
4	こんにゃく	61	10	赤城山	19
5	山	60	10	高崎	19
6	空っ風	27			

出所）消費者1,000人調査

イメージが浮かばないと、選ばれない

図1－3をみてほしい。前項であげた六つの地域について、「イメージが浮かばない度」（縦軸）と「観光に行きたい度」（横軸）の関係をみたものである。

ここで、「イメージが浮かばない度」とは、上記の調査でイメージが「とくにない」と回答した消費者比率である。「観光に行きたい度」とは、その地域に「観光に行きたい」と回答した消費者比率である。

図からも明らかであるが、両者には、強い負の相関関係がある。つまり、**イメージが頭に浮かばないものは、人々には選択されにくい**ということだ。

人々が京都を訪れたいと思うのは、京都のイメージが頭に描けるからであり、沖縄に行きたいと思うのは、沖縄のイメージが頭に浮かぶからだ。北海道を訪れたいと思うのも、北海道の広大な自然のイメージなどが頭に描けるからだろう。

この調査結果からわかることは、京都、北海道、沖縄は「地名」ではなく、「ブランド」だということである。「京都」「北海道」「沖縄」には、単なる地名を超えた

の「名前」ではない。「ブランド」とは、識別手段としての「何か」がある。

ブランド ≠ 名前

強いブランドは、目を閉じてそのブランドを思い浮かべたときに、何かしらの映像が頭の中のスクリーンに映し出される。**ブランドは、心の連想**だ。この意味で、佐賀、埼玉、群馬は「ブランド」ではなく、「地名」である。

今日、我が国の多くの地域は、観光振興に力を入れている。だが、いくら道路、空港、観光施設などのハードを整備したとしても、それだけでは顧客に選ばれることはないはずだ。**目を閉じて、何かしらの好ましいイメージが浮かばなければ、選択されることはない。**

図1-3　イメージが浮かばなければ、選ばれない

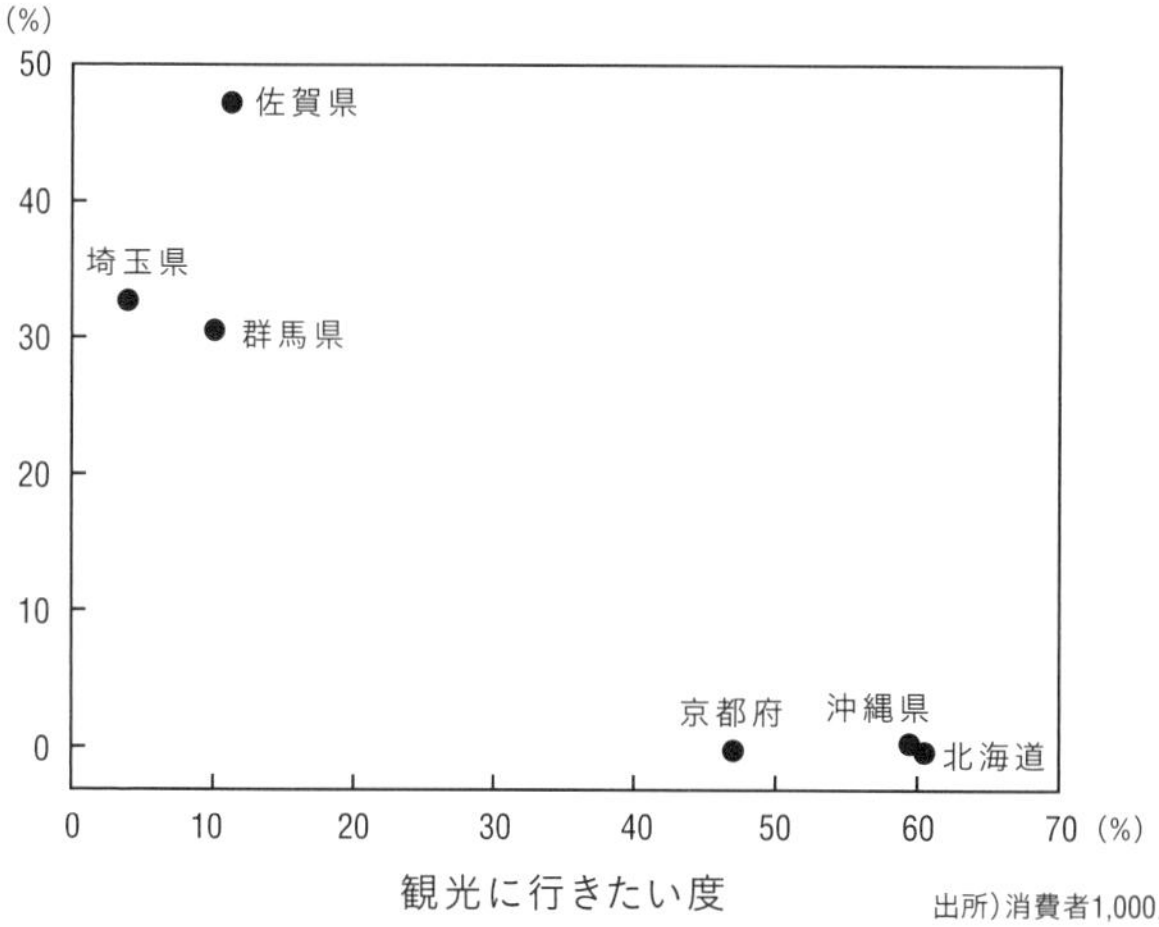

出所）消費者1,000人調査

もちろん、このことは地域に限らない。

どんな商品・サービスにおいても、顧客に選択されるためには、ターゲット顧客の頭の中にイメージが描かれなくてはならない。

「ブランド」と「名前」を区別する方法

単なる「名前」なのか、「ブランド」なのかを、どのように見分けるのか？

それは、難しくない。企業名や商品名の後に、「的」「らしさ」といった言葉を加えてみることである。

○○的　　○○らしさ

このときに、名前を超えた「ブランド」であれば、何かしらのイメージがわくはずだ。「京都らしさ」「北海道らしさ」「沖縄らしさ」と聞くと、何となくイメージが共有できるのではないか。強いブランドには「らしさ」がある。

ためしに、京都、北海道の後に、それぞれ「お菓子」という言葉をつけてみよう。

「京都のお菓子」　「北海道のお菓子」

まったく同じ言葉をつけたにもかかわらず、あなたの頭の中には、まったく違うお菓子がイメージされるはずだ。

知名度を高めれば、ブランド力はあがるのか？

「〝知名度〟を高めることができれば、強いブランドができる」

こういった言葉を聞くことがある。本当にそうだろうか？

日本人で、さきほどあげた佐賀、埼玉、群馬という地名を知らない人は、ほとんどいないだろう。つまり、これらの地域の知名度は非常に高い。しかし、さきほどみたように、イメージが浮かばず、行きたい場所として選ばれにくい。

つまり、**単に知名度が高いということは、ブランド力の強さを意味しない**ということだ。ターゲット消費者に認知されていることはブランドづくりの前提であるが、認知されているだけでは強いブランドはできない。

考えてほしい。あなた自身にとっても、「広告などで、名前はよく知っているけれど、買おうとは思わない」商品はたくさんあるはずだ。

ブランド ≠ 知名度

強いブランドは、「品質」も超える

ブランドは、「**タイブレーカー**」といわれることがある。タイブレークとは、テニスで同点のときに、勝ち負けを決める延長戦のことだ。つまり、品質が「同点」ならブランド力で勝負が決まるということである。

ここで一つ質問。

まったく同じ品質、同じ価格の二つの携帯音楽プレーヤーがある。

一つには「SANYO」(エス・エー・エヌ・ワイ・オー)と書いてある。

もう一つには「SONY」(エス・オー・エヌ・ワイ)と書いてある。

あなたは、どちらを選ぶだろうか?

消費者1000人調査の結果は、以下のとおりである。

「SONY」…………57・7%
「どちらでもよい」……38・0%
「SANYO」…………4・3%

圧倒的に多くの人たちが、「SONY」を選ぶ。まったく同じ品質と同じ価格であるにもかかわらず、「SANYO」は選ばれない。

ちなみに、二つのアルファベットのつづりをみてみると、「SANYO」と「SONY」は、非常によく似ている。

SANYO
←(Aをとってみる)
S NYO

← (隙間に、末尾のOを持ってくる)

SONY

そう、「SANYO」と「SONY」の違いは、Aがあるか否かの違いにすぎない。

だが、このAがあるかないかで、選ばれるか否かが決まる。

品質がまったく同じだとしても、選ばれる商品と選ばれない商品がある。 ブランドは、明らかに品質を超えた概念なのである。

ブランド ≠ 品質

ブランドは、「とんがり」である

図1－4をみてほしい。ここに20個の図形が書いてある。どれか一つだけ選ぶとすると、あなたはどれを選ぶだろうか?

ほとんどの人は、とんがりがある図形を選んだはずだ。小さなとんがりがあるかないか。この少しの違いが、大きな違いとなって表れる。

強いブランドには、品質を超えた「とんがり」がある。この図1−4は、今の日本経済のイメージを表現しているようにも思える。品質自体に、それほど大きな差がない商品がたくさんある。品質が優れた商品は、たくさん存在している。製品の機能は高く、食品の味もおいしい。

ではそのときに、選ばれるか否かのポイントになるのは何か？

それは、「とんがり」があるかないか、すなわちブランド力の有無だ。経済が成熟化すればするほど、ブランドの重要性は増していく。

では、とんがりとなる「ブランド」とはいったい何なのか？　引き続き検討していこう。

図1-4　どれか一つだけ選んでください

図1-5　ブランドは「とんがり」

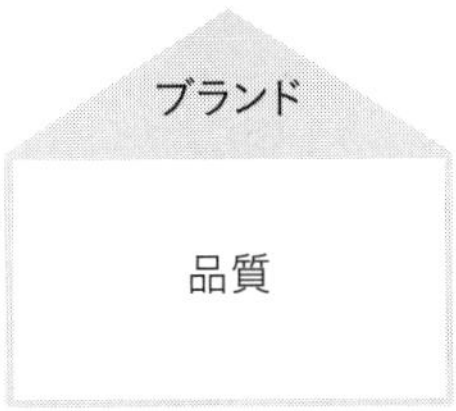

ブランドは「意味」である

① A「テーマパークに行った」 B「ディズニーランドに行った」
② A「牛肉を食べた」 B「松阪牛を食べた」
③ A「長野県に別荘がある」 B「軽井沢に別荘がある」

AとBでは、伝わる意味が明らかに異なるはずだ。消費者調査をしてみると、とても興味深いことがわかる。

「テーマパークに行きたいですか」と聞いてノーと答える人の中に、「ディズニーランドに行きたいですか」と聞くとイエスと答える人がいる（ディズニーランドは、テーマパークなのに）。

「牛肉を食べたいですか」と聞いてノーと答える人の中にも、「松阪肉を食べたいですか」と聞くとイエスと答える人がいる（松阪牛は、牛肉なのに）。

「長野県に別荘が欲しいですか」と聞いてノーと答える人の中にも、「軽井沢に別荘が欲しいですか」と聞くと、イエスと答える人がいる（軽井沢は、長野県内にあるのに)。

　これらの回答は、「論理的」には矛盾しているかのようだ(図1－6参照)。論理的には、テーマパークに行きたくないのであれば、ディズニーランドにも行きたくないはずだ。

　だが、「ブランド的」には十分ありえる(図1－7参照)。ディズニーランド、松阪牛、軽井沢には、単なる名前を超えた「意味」があるからだ。

　ディズニーランドはただのテーマパークの名前ではない。松阪牛はただの牛肉の名前ではない。軽井沢は単なる地名ではない。**名前を超えた、「ブランド」**なのである。

図1-6　論理的にみると

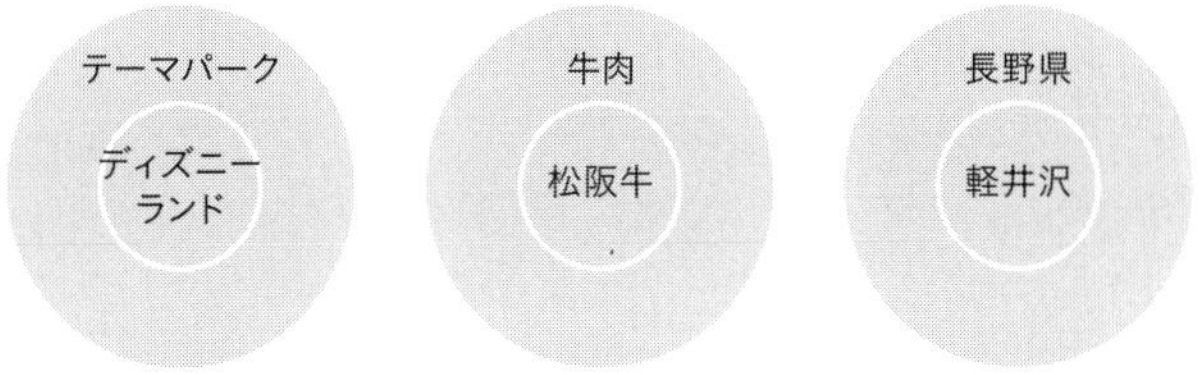

図1-7　ブランド的にみると

ブランドで「自己表現」する

考えてほしい。ロレックスの「腕時計」はあるのに、なぜ、ロレックスの「壁掛け時計」はないのだろうか？

シャネルの「洋服」はあるのに、なぜ、シャネルの「洋服ダンス」はないのだろうか？

「ロレックスの〝腕時計〟と、ロレックスの〝壁掛け時計〟のどちらにひかれますか？」

こう聞いてみると、圧倒的多数（約8割）が「腕時計」と答える（消費者1000人調査）。

消費者がブランドを購入する理由の一つが、他人の目を前提とした自己表現の欲求だ。腕時計（ウオッチ）は、移動性があるので、他人の目に触れる機会が多い。一方、壁掛け時計（クロック）は自宅の壁に固定されているため、他人の目に触れる機会が少ない。

ブランドが有する「意味」を利用して、他者に与える印象を変えることができる。腕時計だけでなく、車、カバン、洋服など、移動性が高い商品にプレミアム・ブランドが多い理由である。

一方、「壁掛け時計」や「洋服ダンス」は持ち運びができず、他人の目に触れにくいため、プレミアム・ブランドは生まれにくい。

着ている洋服のブランドや、乗っている車のブランドを聞いただけで、実際にその人に会わなくても、何となくその人のイメージが思い浮かぶことはないだろうか。ベンツに乗っている人とBMWに乗っている人とは、何かしらイメージに違いがあるように思える。

シャネルを愛用している女性と聞いたときに思い浮かべるイメージと、エルメスを愛用している女性と聞いたときに浮かぶイメージは違うように感じる。

次の「ブランド名」と「イメージ」を線で結んでほしい。あなたは、どのブランドとイメージを結びつけるだろうか？

・ブランド名　1　ベンツ　2　BMW　3　ハーレーダビッドソン

・イメージ　ア　スポーティーなセレブ　イ　ちょいワル紳士　ウ　金持ちの社長

全国の消費者1000人に聞いてみた。結果は以下のとおりだ。

回答者の86・1%が、「ベンツ」と「金持ちの社長」を結びつけた。
回答者の76・2%が、「BMW」と「スポーティーなセレブ」を結びつけた。
回答者の80・8%が、「ハーレーダビッドソン」と「ちょいワル紳士」を結びつけた。

強いブランドは、名前を聞いただけで、それを利用している人のイメージが浮かぶ、独自の世界観があるということだ。ベンツは「経済的な成功」の象徴、BMWは「スポーティーな走り」の象徴、ハーレーダビッドソンは「遊び心を持った大人」の象徴なのだろう。

「強いブランド」と「弱いブランド」

「強いブランド」と「弱いブランド」の違いは、どこにあるのだろうか？　ブランド力の強さは、図1－8のようにとらえることができる。

「弱いブランド」は、単なる識別手段としての「名前」にすぎない。ブランドのもともとの意味である「焼印」は、このような識別手段としてのとらえ方である。

「普通のブランド」は、単なる「名前」を超え、「品質」や「信頼」の指標となる。ブランドが、「約束の証」といわれるのは、この意味においてである。「よく名の知れた有名ブランドの製品だから安心できる」という文脈のブランドだ。

それでは、「強いブランド」とはどのような価値を持つのだろうか？「強いブランド」は、名前を超越し、品質も超える。品質を超えた「何か」が強いブランドにはある。

図1-8　弱いブランド、強いブランド

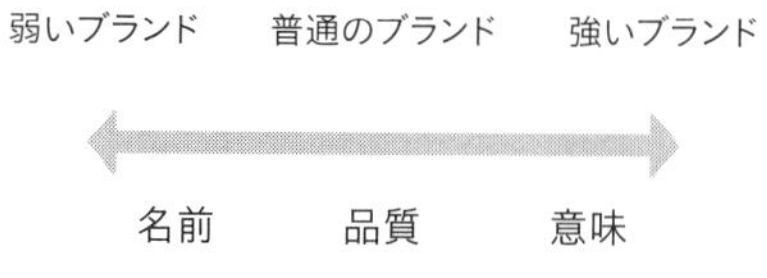

これこそが、現代的な意味でのブランドだ。

［ブランドの価値］　　［ブランドの強さ］

名前（もともとの意味）＝**弱いブランド**

↓

名前＋品質　＝**普通のブランド**（名前を超えた何か）

↓

名前＋品質＋意味　＝**強いブランド**（品質を超えた何か）

21世紀のブランドは、ここでいう「強いブランド」のことである。

そこで本書では、ブランドを、名前や品質を超えた「何か」。具体的には「顧客の心にある、品質を超えたポジティブなイメージ」ととらえることにしよう。

ブランド＝顧客の心の中に存在する、品質を超えたポジティブなイメージ

「顧客の心の中に存在する」とは、ブランドは、売り手側にあるのではなく、買い手の心の中にあるということである。「品質を超えた」とあるのは、品質の良さは強いブランドの前提条件だということである。中身のない商品はブランドになりえない。

では、「ブランドづくり」とは何か？

顧客の心の中にブランドをつくるということは、ブランドと顧客との間に感情的な絆をつくることである。そこで本書では、ブランドづくりを「顧客の心の中に、品質を超えたポジティブなイメージを形成し、顧客との感情的なつながりをつくること」と考えよう。

ブランドづくり ＝ 顧客の心の中に、品質を超えたポジティブなイメージを形成し、顧客との感情的なつながりをつくること

ここまでの議論で、「ブランドとは何か」について、ベクトル合わせができたと思う。以下の章では、強いブランドは企業や組織にどのようなメリットを与えてくれるのか、強いブランドをどのようにつくるか、について検討していこう。

[注]

1 「経営者1000人調査」は、従業者数50人以下の中小企業の経営者、自営業者、農業経営者を対象に実施した。調査時期は2012年10月。調査対象エリアは全国。回答者の業種は製造業10・3%、卸売業5・7%、小売業21・5%、飲食業5・3%、サービス業42・7%、農業4・3%、その他10・2%。調査方法はウェブを用いたアンケート形式。以下、本書で「経営者1000人調査」とはこの調査を示す。

2 「消費者1000人調査」は、2012年9月、10月、2013年1月に実施した。調査エリアは東京都（2012年9月、10月）、全国（2013年1月）。性別は均等に割りつけ（男性50%、女性50%）。年代は20代、30代、40代、50代、60代以上を均等に割りつけた（各年代20%）。調査方法はウェブを用いたアンケート形式。以下、本書で「消費者1000人調査」とはこの調査を示す。

CHAPTER2

ブランドの力

強いブランドは、企業や組織にどのようなメリットを与えてくれるのだろうか？　本章では、ブランドが企業などにもたらすチカラを、実際の企業のデータから検証してみよう。

利用するのは、全国1000人の中小企業の経営者から得た実証データ「経営者1000人調査」(注1)である。

経営者1000人調査のデータ分析から、いったい何がみえてきたのか？

ブランド力の強い企業ほど好業績

まず、結論から確認しておきたい。ブランド力の強さは、はたして好業績に結びついているのだろうか？

図2－1は、「自社商品のブランド力の強さ」と「業況」(注2)の関係をみたものである。折れ線は、きれいな右肩上がりになっている。この図からわかるとおり、ブランド力が強いほど、業況が良いことは明らかである。たしかに、ブランド力の強さは好業績に結びついている。

次に、ブランド力の「強い企業」と「強くない企業」は、どの程度、業績が違うのかをみてみよう。
経営者1000人調査において、「自社の商品のブランド力は強いですか?」との質問に、「そのとおり」と回答した企業（強いブランドを持つ企業）と、「違う」と回答した企業（強いブランドを持たない企業）を抽出し、両グループの業況を比較したものが次ページの表2−1である。

強いブランドを持つ企業は、半数を超える53%が「好調」である。一方、強いブランドを持たない企業をみると、「好調」の割合はわずか14・3%にとどまる。強いブランドを持つ企業のほぼ4分の1にすぎない。

では、ブランド力と業績の間に、これほど強い相

図2-1　自社商品のブランド力の強さと業況の関係

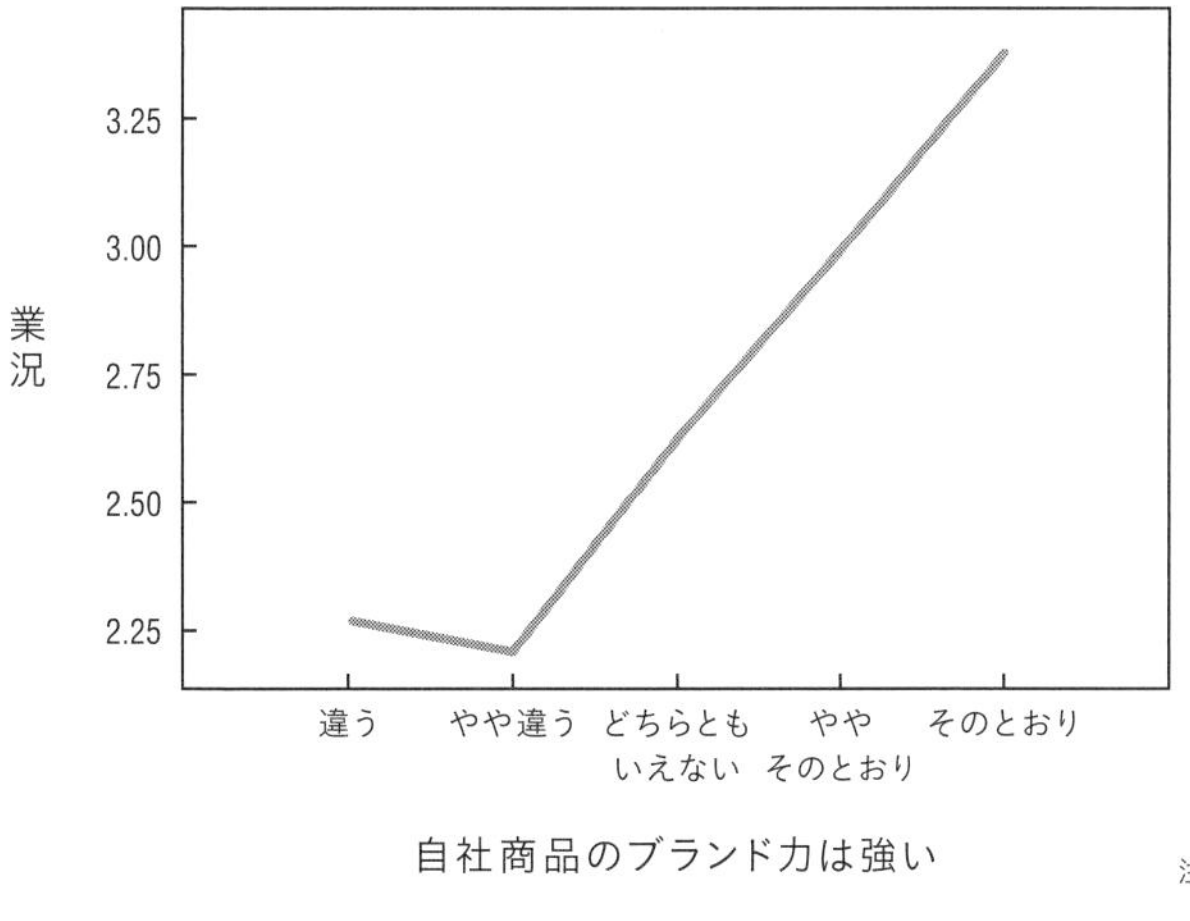

注）p値<0.001

関があるのは、なぜだろうか？
その主な理由としては、次の四つの要因をあげることができる。

①数量プレミアム効果
ブランド力が強いと、品質が同じであったとしても、競争製品に比べて、選ばれやすくなる。

②価格プレミアム効果
強いブランドは、消費者の価格への受容度を引きあげるため、高い価格を設定することができる。

③リピート効果
ブランド力が強いほど、次回もそのブランドを購入したいというリピート顧客が増える。

④口コミ効果
強いブランドには、口コミによって、顧客が顧客を呼ぶメカニズムが作用する。

表2-1　強いブランドの有無と業況

	好調	停滞	不振
強いブランドを持つ企業	53.0%	25.3%	21.7%
強いブランドを持たない企業	14.3%	36.1%	49.6%

注）p値<0.001

これらの要因が相まって、好業績に結びつくのである。

数量プレミアム効果×価格プレミアム効果×リピート効果×口コミ効果
＝好業績

以下、これらの効果を実際のデータを用いて、具体的に検証していこう。

強いブランドになると、競合他社の商品ではなく、自社の商品を選択してくれる

既述のとおり、ブランドは同点のときの勝ち負けを決める「タイブレーカー」といわれる。同じ価格と品質であれば、消費者はブランド力の強い商品を選ぶ。いわゆる「数量プレミアム」と呼ばれる現象だ。

図２－２をみてほしい。ブランド力が強ければ、「競合商品よりも選ばれやすくなる」（注３）ことはデータからも明らかである。

図2-2　ブランドはタイブレーカー

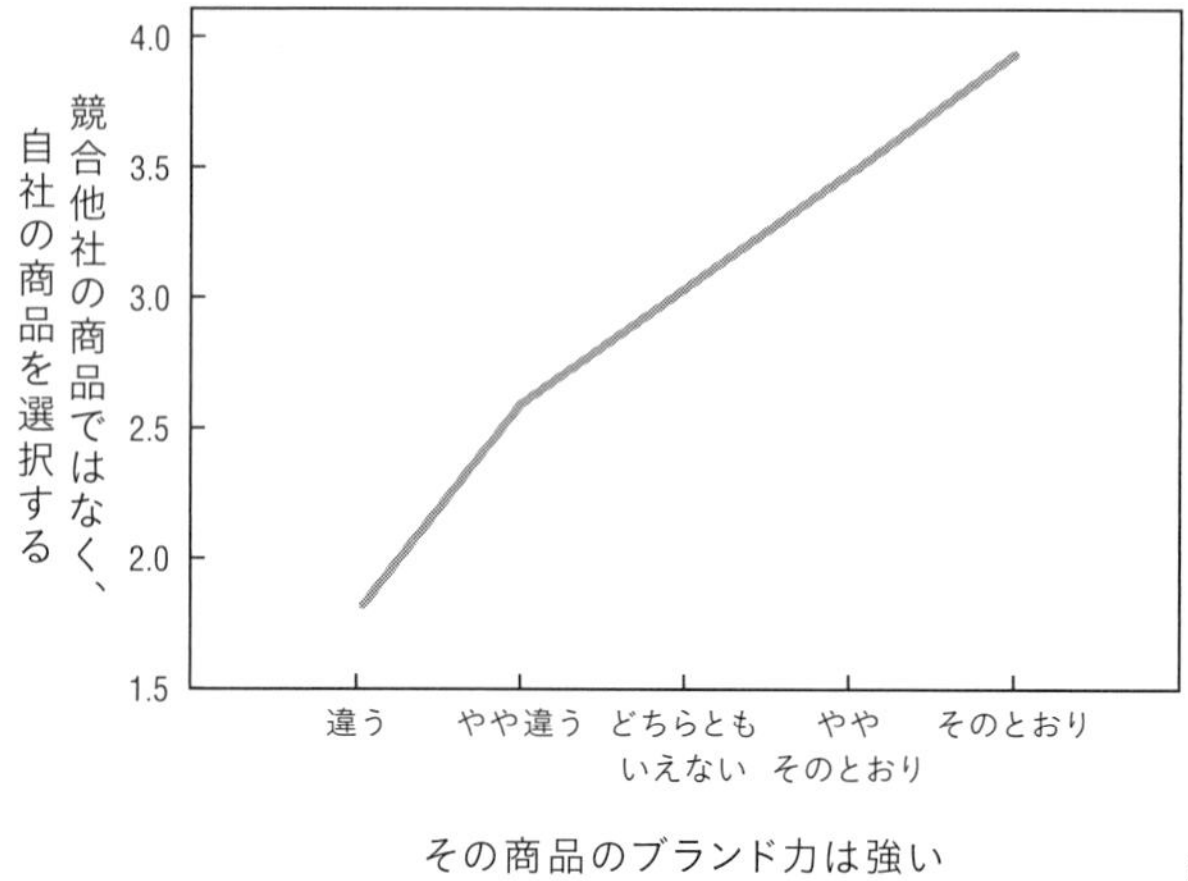

注)p値<0.001

図2-3　ブランド力が強い商品ほど、価格競争に巻き込まれにくい

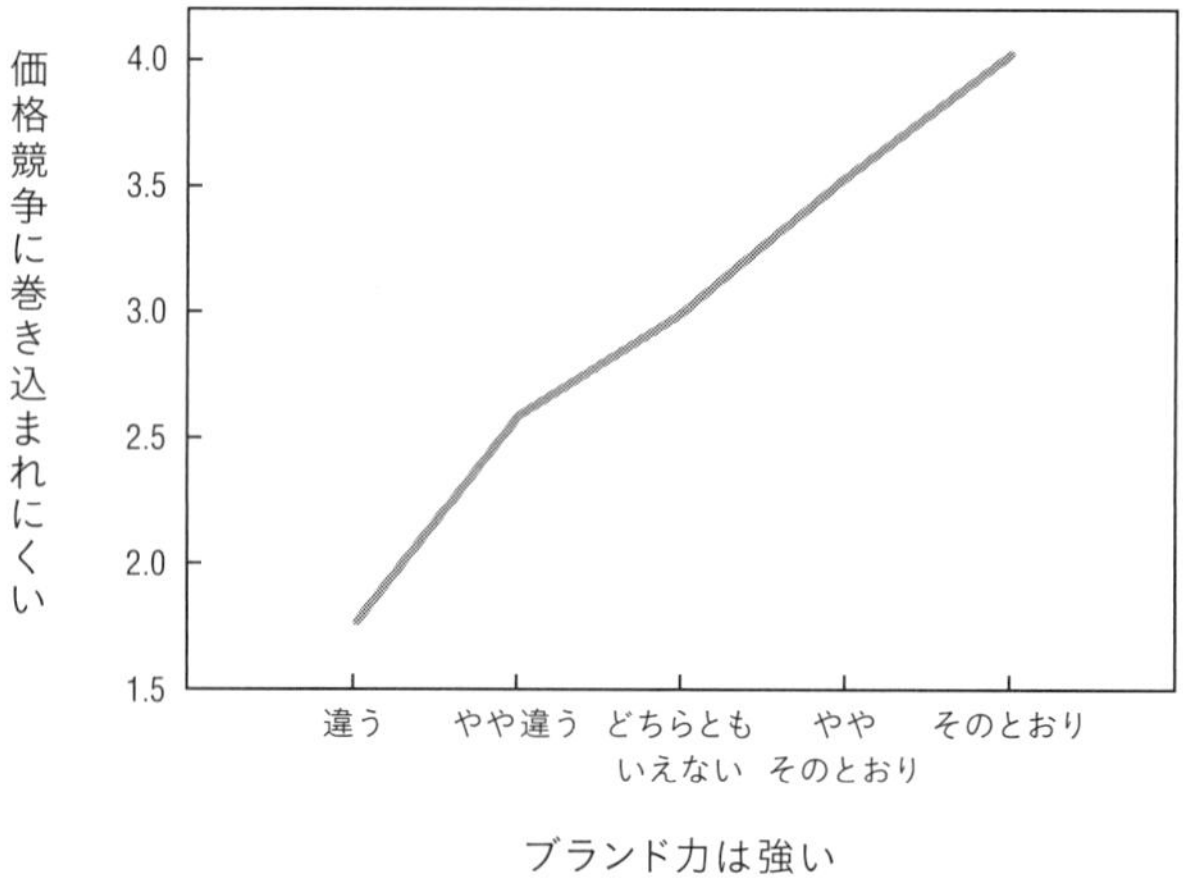

注)p値<0.001

強いブランドは、価格競争に巻き込まれない

ブランド力が強ければ、価格が高くなっても購入したい消費者が増える。つまり、強いブランドは「価格プレミアム」を享受することができる。

右の図2－3に示すとおり、たしかに、ブランド力が強い商品ほど、価格競争に巻き込まれにくい。強いブランドは、価格の安さで顧客をひきつけているのではなく、価格以外の魅力で人をひきつけている、ということだろう。

序章でも述べたとおり、本書の大きな特徴は、「統計的分析」による普遍性と、「実践」によるリアリティを追求している点である。実践例としてとりあげるのは、高糖度トマトのトップ・ブランド「アメーラ」だ(注4)。

ここではアメーラの出荷量の推移と市場価格の推移をみてみよう。

図2－4に示すように、12年間で出荷量が12倍となっている。単価については、12年間で1・25倍に増加し、既述の「数量プレミアム」と「価格プレミアム」の両方を享受して

アメーラトマト

いる。

一般的な農産物の市場では、出荷数量が増えれば増えるほど、単価が下落する。出荷数量の増加と単価アップを両立させるのは容易なことではない。だが、強いブランドになれば、出荷量の増加と価格のアップの両立を期待できるということだ。

強いブランドは、消費者のリピート購入をもたらす

ブランド力の強さは、リピート顧客の多さに結びつく。図2－5をみてほしい。ブランド力が強い商品ほど、リピーターが多いことは明らかである。

人口や消費支出が増えない成熟社会の今日、単純に、顧客を増やそうという発想では、マーケティングは成功しない。21世紀のマーケティングは、「絆」

図2-4　アメーラトマトの出荷量と単価の推移

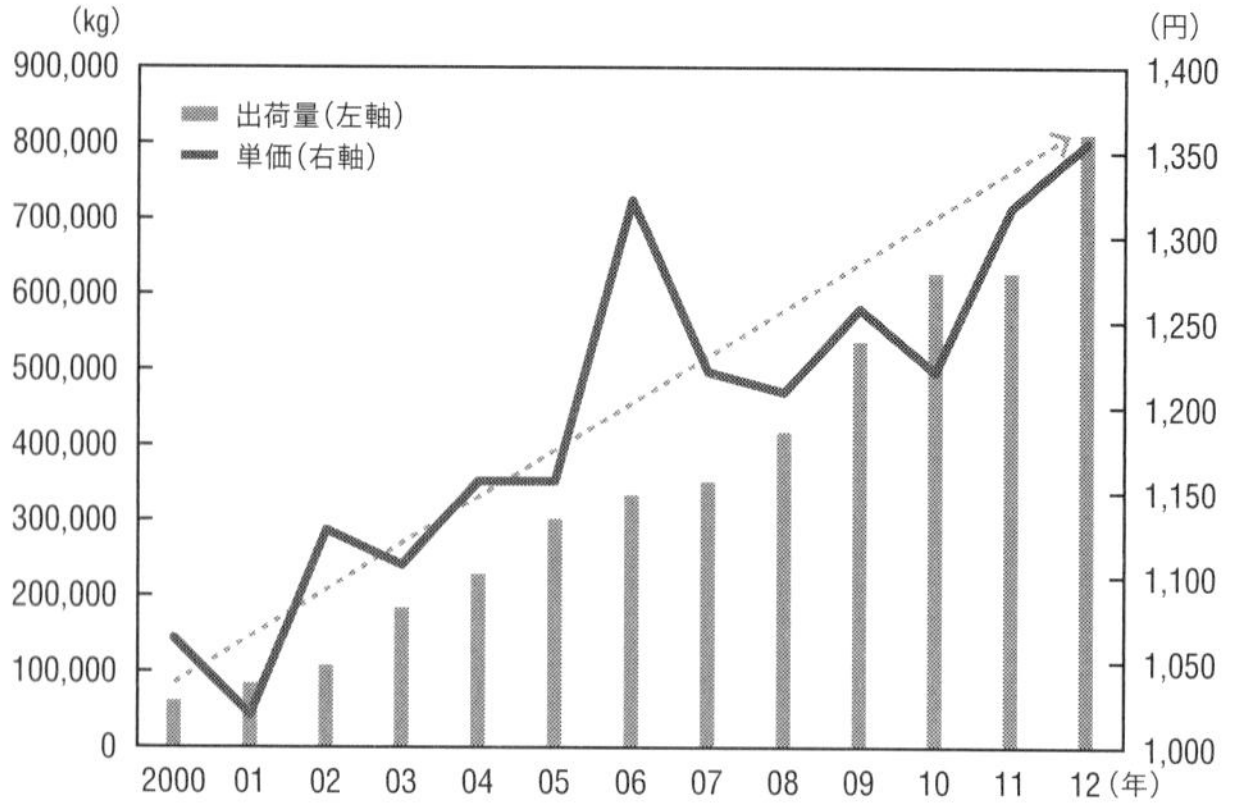

出所)サンファーマーズ提供資料

がキーワードだ。大切なのは、顧客との「絆」を強くすること、一人ひとりの顧客に何回も繰り返し買ってもらうことである。

強いブランドは、顧客との絆、すなわち「顧客ロイヤルティ」を高めてくれる。

強いブランドは、顧客が顧客を呼ぶ

図2-6は「口コミ」と「ブランド力」(注5)の関係をみたものである。この図からは、口コミが発生しやすいほど、ブランド力が高いことが明らかだ。

ブランド力が強くなると、既存顧客が口コミによって知人・友人などにブランドの魅力を発信してくれるため、顧客が顧客を呼ぶメカニズムが作用するようになる。口コミを活用したブランドづくりに

図2-5　強いブランドには、リピーターが多い

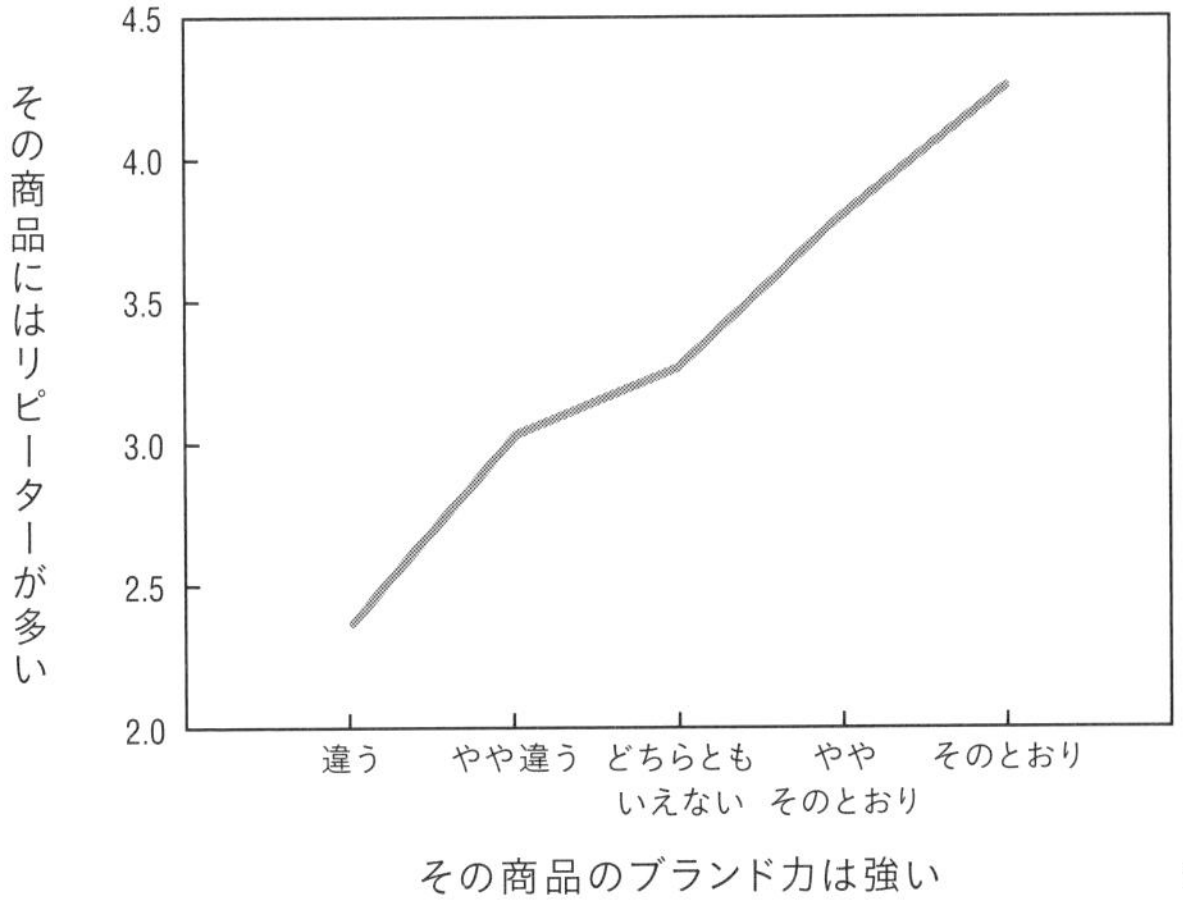

ついては、第12章で検討する。

［注］

1　データの概要は、1章の注1を参照のこと。

2　業況は、「好調」5、「やや好調」4、「停滞」3、「やや不振」2、「不振」1の5ポイントスケールで測定。

3　「価格と品質が同じだとすると、消費者は競合他社の商品ではなく、当社の商品を選択すると思う」に対して、「その通り」5、「ややその通り」4、「どちらともいえない」3、「やや違う」2、「違う」1の5ポイントスケールで回答を求めた。
以下、その他の質問項目においても、とくに明示のない限り5ポイントスケールで測定している。

4　2009年日経MJのトマトのブランド評価第1位、日本野菜ソムリエ協会2007年ベジフルサミット第1位、日本農業協同組合中央会主催第41回日本農業賞特別賞受賞他。

5　「ブランド力」そのものは、目にみえない抽象的な概念である。ここで、縦軸の「ブランド力」の数値は、ブランドの力を測定するための四つの質問項目（①「その商品のブランド力は強い」、②「顧客の支持が高いブランドである」、③「価格と品質が同じだとすると、消費者は競合他社の商品ではなく当社の商品を選択する」、④「品質を超えた、何かしらの魅力がある」）を利用した主成分分析で抽出された主成分スコアである（この主成分分析では第1主成分のみ抽出された。固有値は3・0、寄与率は75・5％である）。以下、本書の「経営者1000人調査」のブランド力は、とくに明示のない限り、このスコアを利用している。

図2-6　口コミが発生しやすい商品ほど、ブランド力は強い

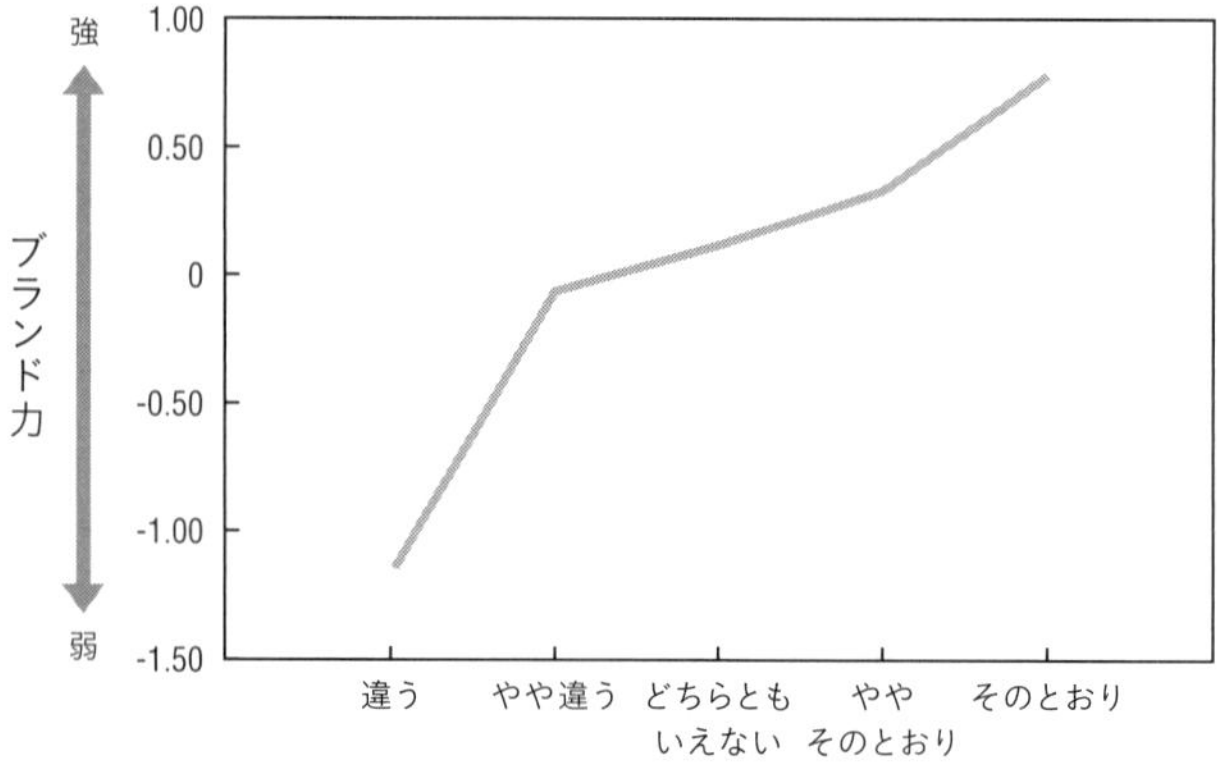

注）p値<0.001
出所）経営者1,000人調査

CHAPTER3

強いブランドの条件

ここまで、強いブランドが企業にどのようなメリットをもたらすのか、すなわち、「ブランドの力」を具体的にみてきた。

では、ブランドの力は何によって生み出されるのだろうか？

強いブランドにはどのような条件がそなわっているのだろうか？

強いブランドと弱いブランドには、どのような違いがあるのだろうか？

本章では、経営者1000人調査と消費者1000人調査を利用して、経営者の視点と消費者の視点の双方から、強いブランドの条件を探ってみよう。

経営者1000人調査から抽出した「強いブランドの4条件」

まずは、経営者の視点から、強いブランドの条件を探ることにしよう。具体的には、経営者1000人調査のデータを利用して、強いブランドには、どのような共通する特徴があるのかを分析してみた。

調査の手順は次のとおりである。まず、経営者1000人に自社が取り扱っている「商品・サービス」を一つだけ具体的に思い浮かべてもらう。

次に、その商品・サービスにはどのような特徴があるのか、25の質問に答えてもらう。たとえば、次のような質問である。

「その商品の品質は高いか」
「機能性が高い商品であるか」
「その商品のコンセプトは明確に設定されているか」
「その商品の競合は少ないか」
「その商品の広告に力を入れているか」
「価格の安さを重視した商品であるか」

そして最後に、その商品の「ブランド力」を評価してもらう。具体的には次の二つの質問によって評価した。

「その商品のブランド力は強いか」

「その商品には、単なる品質を超えた、何かしらの魅力があるか」

なお、いずれの質問も、「その通り＝5」〜「違う＝1」の5ポイント尺度で評価をしてもらった。

分析結果をみてみよう。

「経営者1000人調査」データの統計分析から抽出された「強いブランド」を規定する条件は、以下の四つである（図3－1参照）。

①明確なコンセプト、明快なイメージ

「コンセプトは明確に設定されている」「そのブランドのイメージは明快である」

②感性に訴求する

「センスがある商品である」「感性に訴える商品である」

図3-1　ブランド力の規定要因（経営者調査）

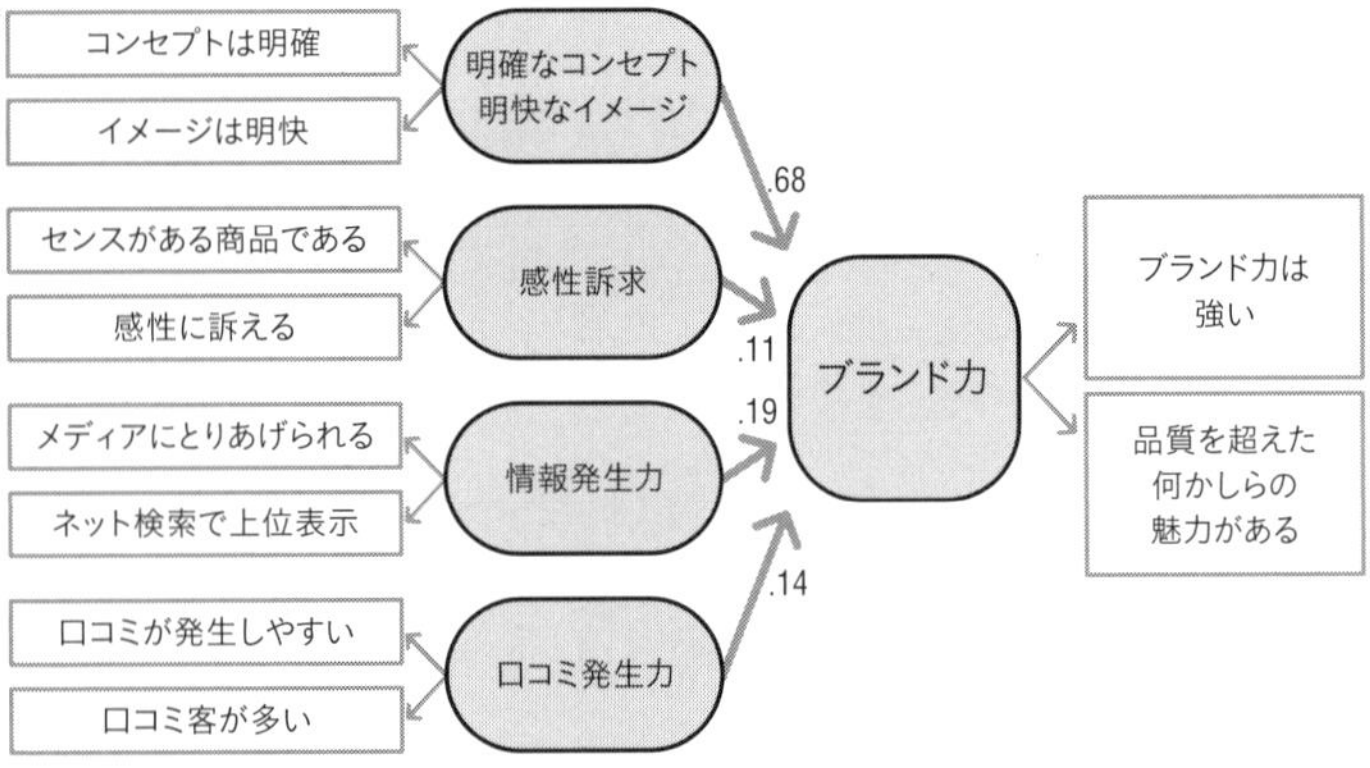

注）分析手法は共分散構造分析。数字は標準化推定値（すべて1％水準で有意）。モデル適合度はGFI＝.981、CFI＝.988、RMSEA＝.055。なお、図では誤差項および独立変数間の共分散の表示は省略した

出所）経営者1,000人調査

③情報発生力がある
「新聞、雑誌、テレビなどのメディアにとりあげられることがある」
「インターネットで商品名を検索すると、上位に表示される」
④口コミ発生力がある
「口コミが発生しやすい」「口コミ客が多い商品である」

消費者1000人調査から抽出した「強いブランドの4条件」

続いて、消費者1000人調査を用いて、買い手の視点から強いブランドの条件を探索してみよう。はたして、消費者が認識する強いブランドの条件は何なのか。

調査の手順は、次のとおりである。経営者調査とほぼ同様の方法だ。

まず、回答者が買ったことがある「商品の名前（ブランド名）」を一つ思い浮かべてもらい、具体的に記入をしてもらう。

次に、その商品にはどのような特徴があるのか、24項目の質問に答えてもらう。たとえば、次のような質問である。

「その商品の品質は高いか」
「機能性が高い商品であるか」
「その商品のイメージは明快か」
「その商品を他の商品で代替することは難しいか」
「その商品のターゲットは明確であるか」
「価格の安さが魅力か」

そして、最後に、その商品のブランド力を評価してもらった。ブランド力は、具体的には次の二つの質問によって評価した。

「あなたにとって、その商品のブランド力は強いか」
「その商品には、単なる品質を超えた、何かしらの魅力があるか」

なお、いずれも、「そのとおり＝5」〜「違う＝1」の5ポイント尺度で評価をしてもらった。

「消費者1000人調査」データの統計的分析から抽出された「強いブランド」を規定する条件は、以下の四つである（図3－2参照）。

①明確なコンセプト、明快なイメージ

「コンセプトは明確である」「イメージは明快である」

②感性に訴求する

「デザインが優れている」「感性に訴える商品である」

③独自のポジションがある

「競合商品が少ない」「その商品を他の商品で代替することは難しい」

図3-2　ブランド力の規定要因（消費者調査）

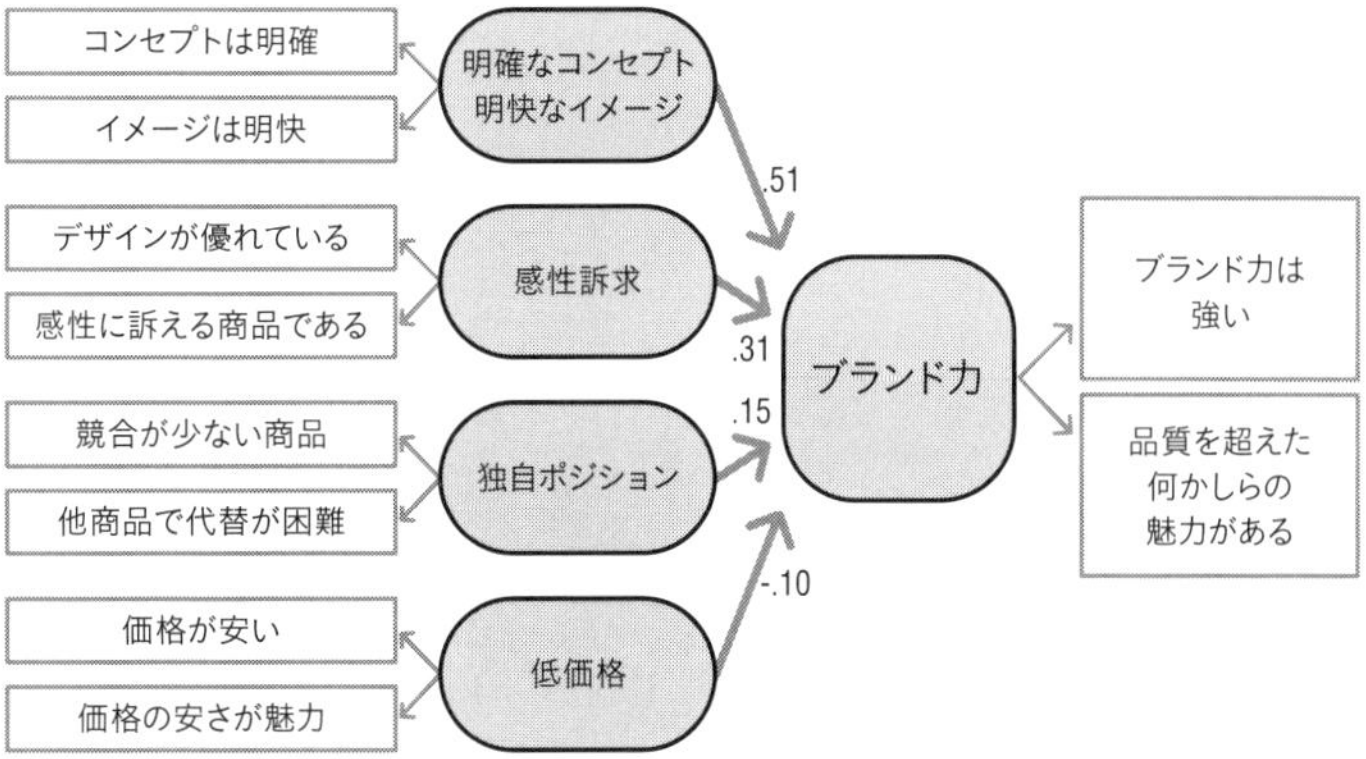

注）分析手法は共分散構造分析。数字は標準化推定値（すべて1%水準で有意）。モデル適合度はGFI = .985、CFI = .991、RMSEA = .044。なお、図では誤差項および独立変数間の共分散の表示は省略した
出所）消費者1,000人調査

④低価格ではない
「価格が安い」（負の相関）、「価格の安さが魅力である」（負の相関）

強いブランドには、アートの要素がある

経営者1000人調査と消費者1000人調査から、強いブランドを規定する要因として、それぞれ四つの要因が抽出された。企業のブランドづくりの方向性を示唆する興味深い結果である。

この分析結果で、注目したいのは、経営者及び消費者1000人調査のいずれにおいても、「機能性の高さ」「品質の高さ」が、ブランド力の規定要因として抽出されていないことだ。強いブランドになるためには、機能や品質だけでは不十分で、機能的な価値を超えた「何か」が必要ということだろう。

もう一つ注目されるのは、経営者及び消費者1000人調査のいずれにおいても、「コンセプトが明確であり、イメージが明快である」と「感性に訴求する」という2条件が共通して抽出されている点である。強いブランドをつくるために、この二つの条件がいかに重要なのかがわかる。「明確なコンセプト」と「感性への訴求」。まさに

アートの要素が、強いブランドにはある。

ここで、経営者1000人調査と消費者1000人調査を用いて、「コンセプトの明確性・イメージの明快性」の有無と、「感性訴求」の有無で、そのブランド力にどのような違いがあるのかをみてみよう。

①経営者1000人調査にみる「明快なイメージ」と「感性訴求」の重要性

図3－3をみてほしい。この図の上段をみると、「ブランド力が強い」（強い＋やや強い）と評価されたブランドは、経営者1000人調査において、全体の31・3％であることが示されている。

まず、全体を「イメージが明快か、否か」で2分割すると、YES（イメージが明快）である場合には、強いブランドの割合は61・6％に増加する。

続いて、イメージが明快なブランドを「感性に訴えるか、否か」で2分割すると、YES（感性に訴える）である場合には、強いブランドの割合は67・5％に達することがわかる。

この結果をクロス表にしたものが、図3－4だ。

この図に示されているとおり、「明快なイメージ」があり、「感性訴求」がされてい

図3-3　「明快なイメージ」と「感性訴求」の有無で、ブランド力はこんなに違う（経営者調査）

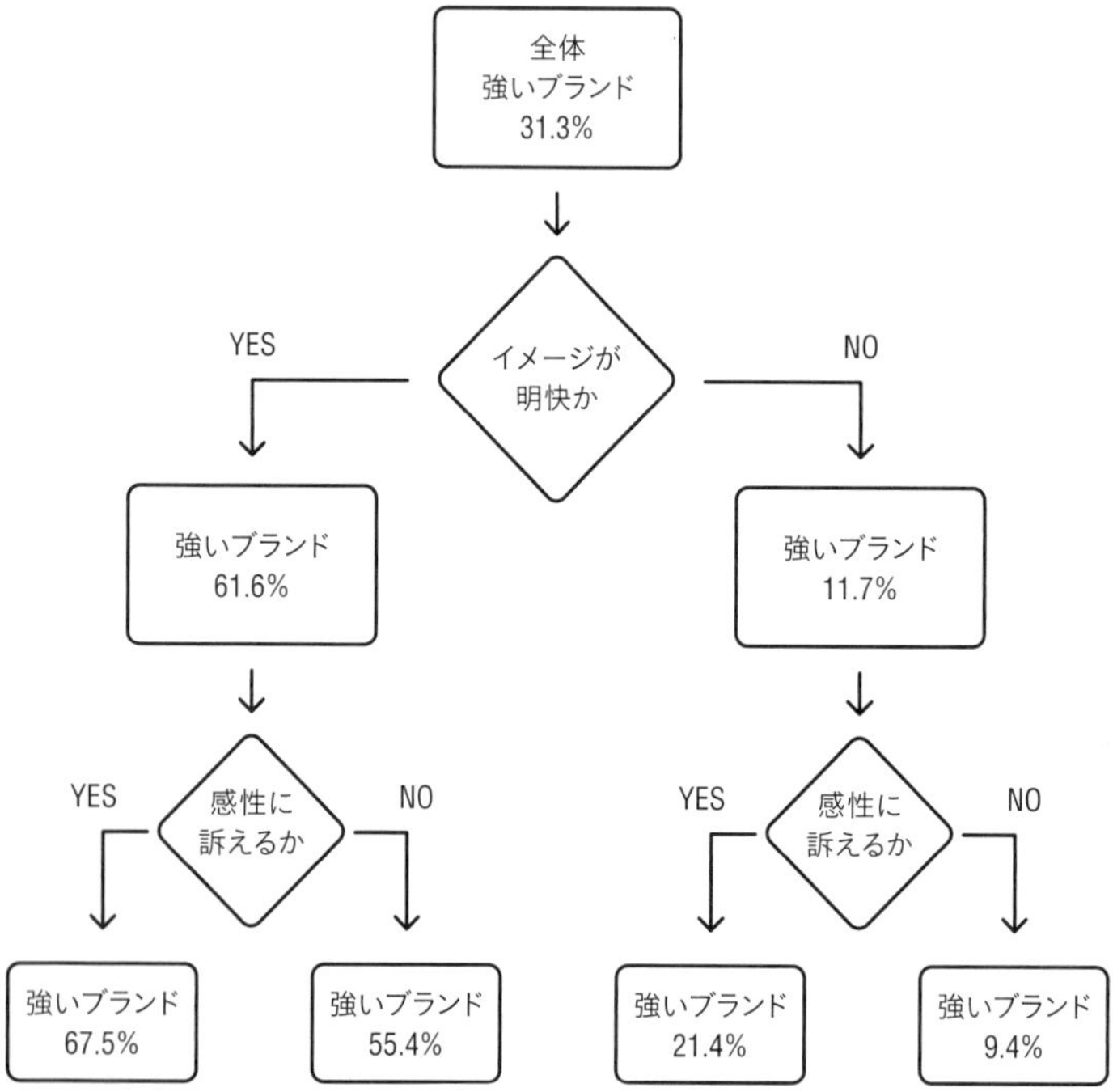

注1）いずれの項目も5ポイント尺度で測定し、5〜4のグループと3以下のグループに分割をした
注2）分析手法はCHAID分析（CHi-squared Automatic Interaction Detector）を利用した
出所）経営者1,000人調査

る商品は、67・5％が「強いブランド」と経営者に評価されている。

一方、「明快なイメージ」がなく、「感性訴求」がされていない商品は、なんと90・6％が「弱いブランド」だ。

②消費者1000人調査にみる「明快なイメージ」と「感性訴求」の重要性

続いて、消費者1000人調査を利用した分析結果だ。ここでは、感性訴求力を「デザインが優れているか否か」という質問項目で評価している。

図3－5の上段をみると、消費者に「ブランド力が強い」と評価されたブランドは、消費者1000人調査において、全体の30・5％であることが示されている。

図3-4　「イメージ」×「感性」のクロス分析（経営者調査）

		イメージが明快か: 明快である	イメージが明快か: 明快でない
感性に訴えるか	訴える	強いブランド 67.5% 弱いブランド 32.5%	強いブランド 21.4% 弱いブランド 78.6%
	訴えない	強いブランド 55.4% 弱いブランド 44.6%	強いブランド 9.4% 弱いブランド 90.6%

出所）経営者1,000人調査

図3-5　「明快なイメージ」と「感性訴求」の有無で、ブランド力はこんなに違う（消費者調査）

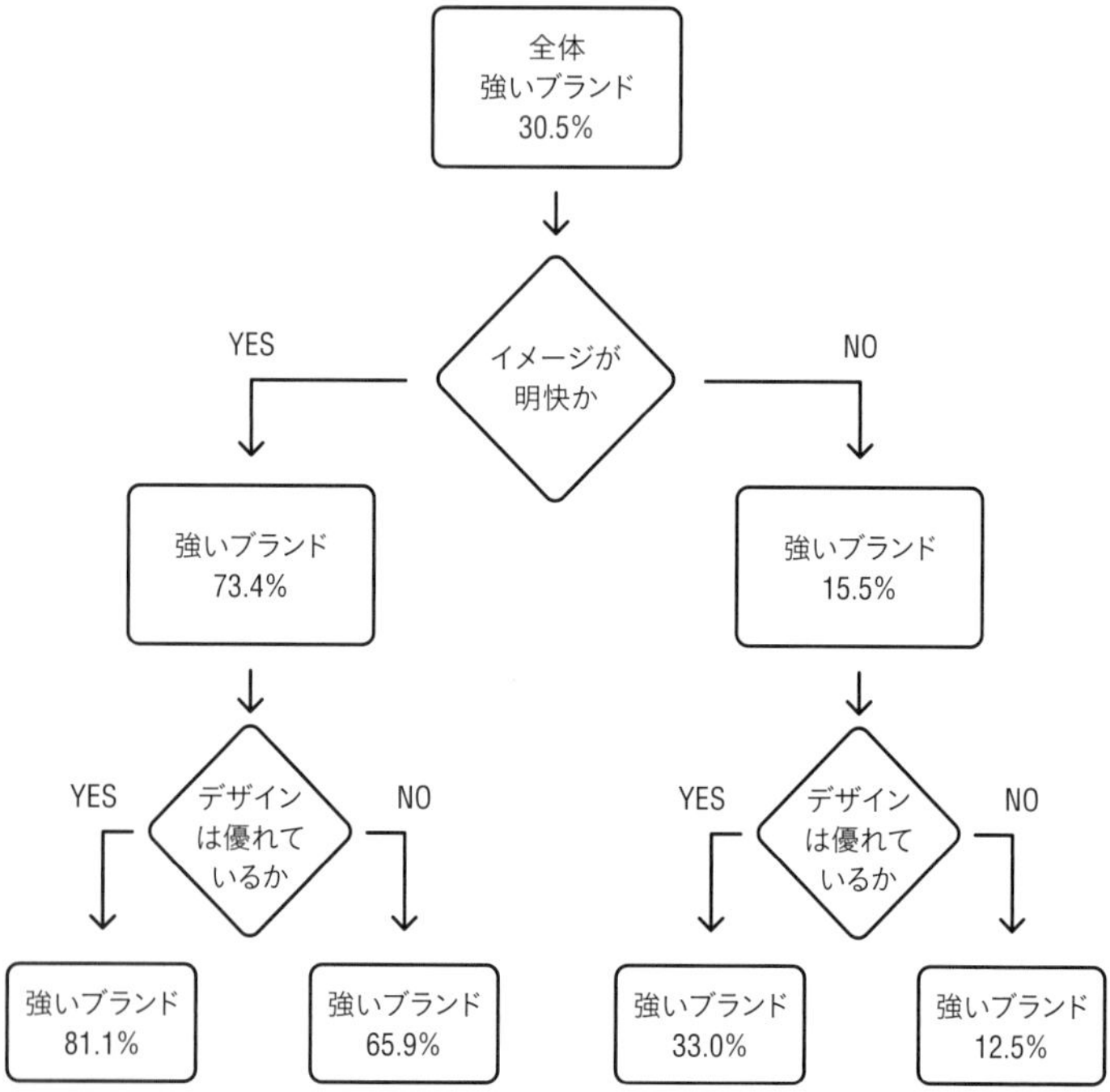

注1）いずれの項目も5ポイント尺度で測定し、5のグループと4以下のグループに分割をした
注2）分析手法はCHAID分析（CHi-squared Automatic Interaction Detector）を利用した
出所）消費者1,000人調査

まず、全体を「イメージが明快か、否か」で２分割すると、ＹＥＳ（イメージが明快）である場合には、強いブランドの割合は73・４％に増加する。

続いて、イメージが明快なブランドを「デザインが優れているか、否か」で２分割すると、ＹＥＳ（デザインが優れている）である場合には、強いブランドの割合は81・１％まで達することがわかる。

この結果をクロス表にしたものが、図３－６だ。この図に示されているとおり、「明快なイメージ」があり、「デザインが優れている」商品については、81・１％が「強いブランド」であると消費者に評価されている。

一方、「明快なイメージ」がなく、「デザインが優れていない」商品については87・５％が「弱いブランド」である。

図3-6　「イメージ」×「デザイン」のクロス分析（消費者調査）

		イメージが明快か	
		明快である	明快でない
デザインは優れているか	優れている	強いブランド 81.1% 弱いブランド 18.9%	強いブランド 33.0% 弱いブランド 67.0%
	優れていない	強いブランド 65.9% 弱いブランド 34.1%	強いブランド 12.5% 弱いブランド 87.5%

出所）消費者1000人調査

ここまでの分析結果から、強いブランドをつくるためには、

①明確なコンセプトがあり、消費者の心の中に明快なイメージが形成されている

②売り手のセンスやデザイン力などによって、消費者の感性に訴えている

この2要因が決定的に重要なことがわかる。単に機能や品質が優れているだけでは、強いブランドにはならないということだ。

加えて、本章の分析では、強いブランドの特徴として、「独自のポジションがあること」「低価格で顧客をひきつけていないこと」「情報をメディアにとりあげられやすいこと」「口コミにのりやすいこと」も明らかになった。

それでは、これらの諸条件を実現し、強いブランドを生み出すためには、どのようにすればよいのであろうか？　次章以降で、この点について検討しよう。

PART2

どうすれば強いブランドを
つくれるのか

CHAPTER4

ブランドづくりのファースト・ステップ

ここまでの章では、ブランドとは何か、ブランドが消費者や企業にもたらす力についてみてきた。強いブランドは、単なる「名前」を超え、「品質」も超える。

それでは、どのようにすれば、強いブランドをつくることができるのだろうか？　ここからは、強いブランドをいかに生み出すのかについて検討していこう。

ブランドの「ありたい姿」を明確にする

筆者　「どのようなブランドをつくりたいのですか？」

経営者「それは、えーと……」

「ブランドづくりをしたい」と語る経営者や企業の方に、このような質問をすると、回答に詰まってしまうことが結構ある。

とくに、中小企業のブランドづくりの取り組みをみると、明確な戦略なしに「ブランド」という言葉だけが先行しているケースも多い。「ブランド」が大切だといいながらも、どのようなブランドをつくるのかが共有されていないのである。

「こういうブランドをつくろう！」と、**ブランドの理想の姿を明確に描かなければブ**

ランドづくりははじまらない。単に「ブランドをつくろう！」では絶対にうまくいかない。

強いブランドをつくるためには、どのようなブランドになりたいのか、ブランドのありたい姿、ブランドの理想の姿、すなわち「ブランド・アイデンティティ」を明確にすることが必要である。

ブランドのありたい姿 = ブランド・アイデンティティ

このことは、データからも示される。図4－1に示すとおり、コンセプトが明確に設定されている商品ほど、ブランド力は強い。また、前の章でみたとおり、「明確なブランドのコンセプト」と「明快なブランドイメージ」は、ブランド力の強い企業に共通する要素である。

図4-1　コンセプトが明確に設定されている商品ほどブランド力が強い

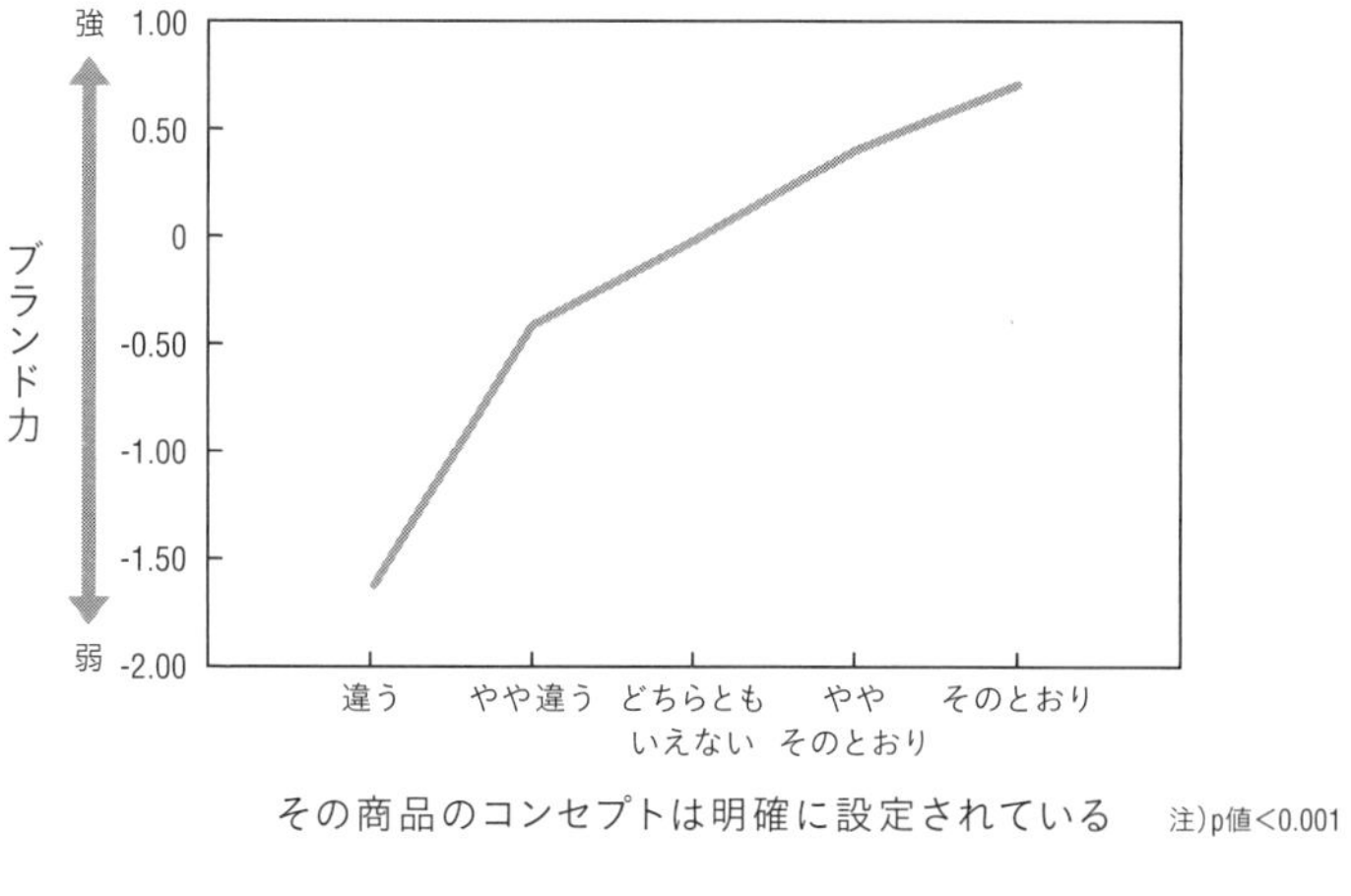

「ブランド・アイデンティティ」と「ブランドイメージ」は、原因と結果の関係にある。ブランド・アイデンティティは売り手が定義するものであるが、ブランドイメージは買い手の心の中にある。

売り手側に明確な「ブランド・アイデンティティ」がなければ、買い手側に強い「ブランドイメージ」が生まれることはありえない。

売り手　　　　　　　　　　　　　買い手
「ブランド・アイデンティティ」（原因）→「ブランドイメージ」（結果）

ブランド・アイデンティティは、ブランド戦略の核となる、**実践的な価値基準だ。儀礼的な社訓のようなものではない。**

ブランド構築にあたって、ネーミング、ロゴ、キャラクターなどの「形」から入るケースがあるが、これは間違いである。

「まずキャラクターをつくりましょう」
「ネーミングは、はじめに公募で決定してあります」

「とりあえずシンボルマークをつくりました」
「ますはロゴから考えましょう」

このような発想では、ブランドづくりはうまくいかない。「どのようなブランドになりたいのか」が明確でないのに、名前も、ロゴも、キャラクターもつくれるはずはない。

すべては、ブランド・アイデンティティからはじまる。ブランドづくりの第一歩は、〝どのようなブランドになりたいのか〟（ブランド・アイデンティティ）を明確に定義することである。

そして、それを明文化し、組織全体に浸透させる。そのうえで、メンバーが共有したブランド・アイデンティティを軸に、実際の活動を遂行していくのである。

ブランド・アイデンティティの「設定」
↓
ブランド・アイデンティティの「明文化」
↓

ブランド・アイデンティティの「共有」
↓
ブランド・アイデンティティの「実践」

ネーミング、ロゴ、キャラクターなどを考えるのは、ブランド・アイデンティティを明確にしてからだ。ブランドのあるべき姿が明確になる前に、ネーミングやロゴなどができてしまうことは、本来ありえない。

強いブランドは、ブレない

ブランド・アイデンティティが明確に定義されていると、「何をすべきか」が明確になる。逆に、「何をすべきでないか」も明確になる。つまり、ブレることがない。

ブランドづくりの道は平坦ではなく、かつ一直線でもない。うまくいくこともあれば、失敗することもある。困難なこと、予想ができないことが起こり、ときには道に迷うことも、道から外れそうになることもある。

このようなときにも、ブランドのあるべき方向性が明確になっていれば、正しい道に戻ることができる。一貫性をもって前に進むことは、強いブランドに欠かせない条件だ。ブレが続けば、そのブランドは次第に崩れていく。

ブランド・アイデンティティ「三つの条件」

ブランド・アイデンティティを設定するときに、欠かせない三つの条件がある。それは、「価値性」「独自性」、そして「共感性」の3要素だ。順にみてみよう。

①価値性

まずは、「価値性」である。ブランド・アイデンティティが、ターゲット顧客にとって、価値があることは欠かせない。

消費者が求めているのは「商品」そのものではなく、その商品がもたらす「価値」だ。ブランド・アイデンティティは、売り手の視点ではなく、買い手の視点から考えることが大切である。

②独自性

次は、「独自性」である。ブランド・アイデンティティには、自社ならではの独自性・個性があることが必要だ。

今日のように経済が成熟化し、人々が豊かになると、「平均的なもの」「無難なもの」「普通のもの」の価値は下がる傾向にある。何が価値になるかといえば、それは「独自性」や「個性」だ。

強いブランドには、「違い」がある。強いブランドは、真似をしない。他と違っていることは、強いブランドをつくるために不可欠な要素である。均質化したもの、どこにでもある商品は、強いブランドにはならない。

③共感性

三つ目は「共感性」である。ブランド・アイデンティティは、顧客が共感し納得するものであることが必要だ。ターゲット顧客から「いいね」と共感を受けることができなければ、強いブランドにはならない。

消費者の共感が得られないとブランドづくりは失敗する。かつて、ユニクロが多角化の一環として野菜事業を手掛けたことがあったが、うまくいかなかった。アパレルの人気ブランドが、日本の農業を変えるといっても、なかなか消費者の共感は得にくかったのであろう。

ここで、具体的な事例として、「アメーラ」のブランド・アイデンティティをみてみよう。アメーラのブランド戦略の方向性は、ここに集約されている。

アメーラのブランド・アイデンティティは、以下のとおりである。

「最高品質の高糖度トマトで、おいしさの感動をお届けします」

文字数は26文字と簡潔だ。ブランド・アイデンティティが長く複雑だと、理解しにくく、共有しにくい。**できるだけ簡潔**でありながら、既述の三つの必要条件（価値性、独自性、共感性）が含まれていることが望ましい。

このブランド・アイデンティティは、メンバー（経営者、役員、従業員、社外ブレーン）のすべてが共有する。アメーラを生産するサンファーマーズの経営戦略会議では、毎回、このブランド・アイデンティティの本質（後述）を再確認し、浸透を図る。農場に行くと、このブランド・アイデンティティが事務所の壁に大きく張り出されている。

この文章の中には、①「価値性」（最高品質）、②「独自

アメーラのブランド・アイデンティティ

性」（高糖度トマト）、③「共感性」（おいしさの感動）といったブランド・アイデンティティに不可欠な条件が包括されている。

アメーラのブランド・アイデンティティを、三つのパートに分けてみよう。

「最高品質の／高糖度トマトで／おいしさの感動をお届けします」

ここから、どのようなブランド戦略の方向性が導かれるのか？　具体的にみてみよう。

・「最高品質の」

アメーラは、最高品質のブランドでなければならないという意思表示である。普及品は扱わない。低価格商品は扱わない。量よりも、質を追う。糖度などの厳しい基準をクリアできない商品は、「アメーラ」を名乗ることはできない。生産者は、一年中おいしさを高める努力をしている。

アメーラの生産者が考える最高品質の概念は、「甘くておいしい」だけではない。安全安心への取り組み、マーケットへの安定供給、さらには、環境への配慮なども含めた概念である。

・「高糖度トマトで」

アメーラは、高糖度トマトのブランドである。「アメーラ」というブランドがいかに有名になったとしても、そのブランド名をニンジン、イチゴ、バナナなど他の作物に使うことはない。アメーラ・ニンジン、アメーラ・イチゴ、アメーラ・バナナなどはありえないということだ。

・「おいしさの感動をお届けします」

アメーラの生産者は、トマトという「農産物」をつくっているのではない。アメーラという「ブランド」をつくり、消費者に「おいしさの感動」を提供している。つまり、モノをつくるのではなく、コトを提供する。アメーラ・ブランドは、おいしさの感動を提供するために存在しているのである。

この点について、もう少しみてみよう。

強いブランドは、コトを提供する

経済の成熟化が進めば進むほど、**消費者の財布の中身は、モノからコトに向かう**ようになる（図4－2参照）。

現代の消費者がお金を払いたいと思うのは、モノにではなく、コトに対してである。消費者1000人調査で、次のような質問をしてみた。

「トマトの購入に、一回あたり、いくらまで払えますか？」

消費者1000人の回答の平均値は「335円」である。次に、こう聞いてみた。

「おいしさの感動に、一回あたり、いくらまで払えますか？」

消費者の回答の平均値は「8939円」である。「トマトの購入」と「おいしさの感動」の支払上限額の開きは、約27倍に達する。コトを提案すると、購買意欲が喚起され、財布のひもがゆるくなるということだろう。

図4-2　モノ支出からコト支出へ

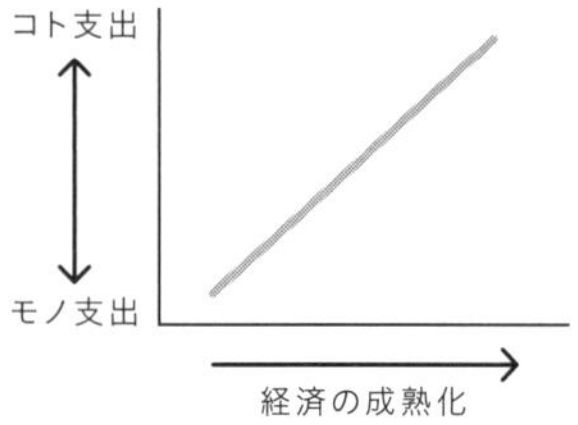

これはトマト以外の商品やサービスにも当てはまる。

たとえば、「化粧品の購入」に一回あたりいくらまで支払うことができるかと問うと、その平均は5696円だが、「美しくなるため」の平均値は2万3149円である。

「茶葉の購入」に一回あたりいくらまで支払うことができるかと問うと、その平均は997円だが、「リラックスした時間を過ごすため」の平均値は1万3910円である。

人々に「モノ」を売り込むのではなく、「コト」を提供する。それが、強いブランドをつくりあげるのだ。

表4-1　1回あたりの支払許容額

モノ		コト	
トマト	335円	おいしさの感動	8,939円
化粧品	5,696円	美しくなる	23,149円
緑茶	997円	リラックスした時間	13,910円

注)金額は消費者1,000人の回答の平均値

CHAPTER5

強いブランドは、感情に訴える

人は、機械のように冷静・客観的に品質を判断する合理主義者ではない。感情を持つ、情緒的な生き物だ。消費者がブランドを選ぶ理由も、機能や価格だけではない。既述のとおり、消費者1000人調査からも、経営者1000人調査からも、強いブランドの条件として「感性への訴求」が抽出されている。強いブランドは、消費者の理性だけでなく、感性にも訴えるということだ。

現代の消費者の「胃袋」や「頭」は量的に満たされている。今日の我が国で、食に困る人は少ない。情報過多の時代、処理できる情報量に比べて、はるかに多くの情報が提供されている。インターネットを利用すれば、指先一つで制限なく情報を得ることができる。

満たされていないのは何か？

それは「心」だ。強いブランドには、人の心に訴える要素がある。本章では、ブランドづくりにおいて、いかに消費者の心、情緒に訴えることが重要であるかについてみていこう。

機能的価値と情緒的価値

図5－1をみてほしい。感性に訴える商品ほど、ブランド力は高いことが統計的にも明らかである。強いブランドは、機能、品質、コストだけで、顧客をひきつけているわけではない。強いブランドには、消費者・ユーザーの感性、感情を刺激する要素が必ずある。

既述のとおり、ブランドづくりとは、ターゲットとする顧客との間に**感情的なつながりをつくる**ことである。強いブランドになるためには、「機能的価値」だけでなく、「情緒的価値」に訴えることが欠かせない。

「機能的価値」とは、たとえばパソコンであれば、計算速度、記憶容量、コストパフォーマンスなどである。

機能的価値の評価軸は、「良い↔悪い」である。

図5-1　感性に訴える商品ほど、ブランド力が強い

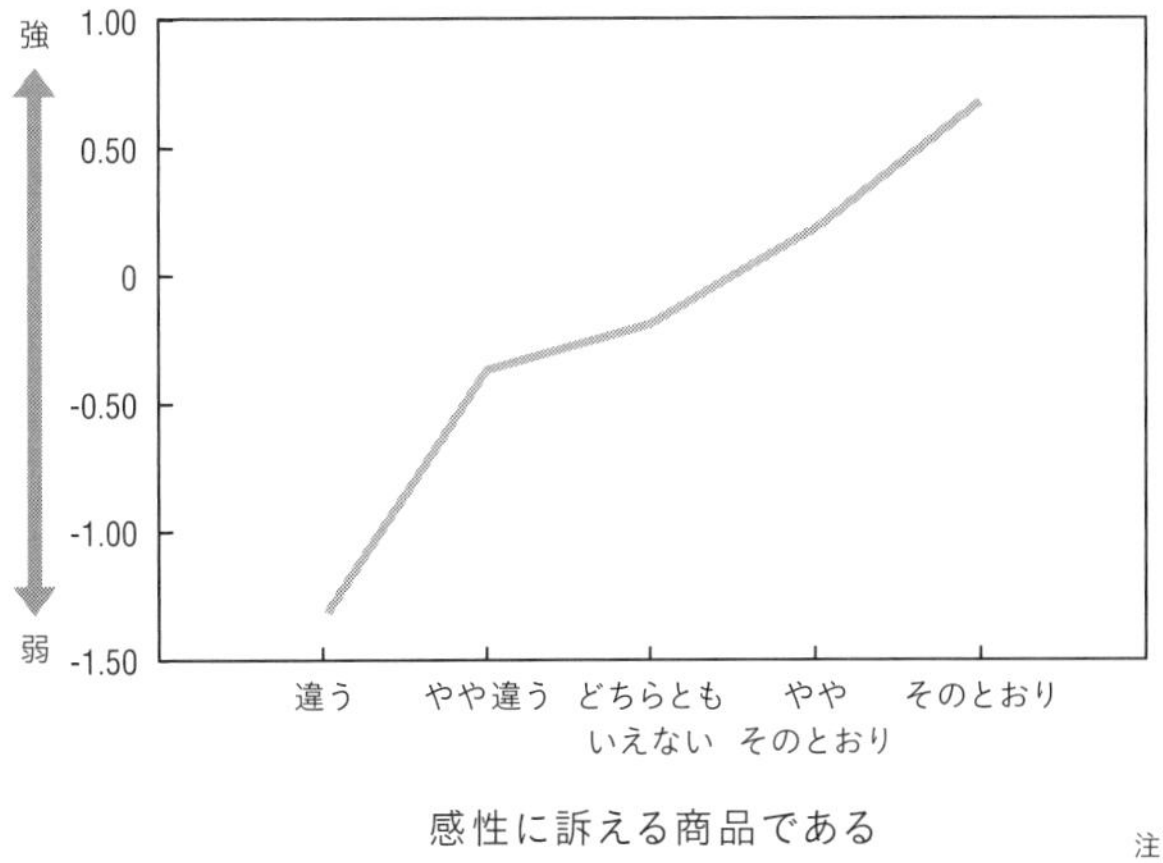

注）p値<0.001
出所）経営者1,000人調査

1ギガバイトのハードディスクと2ギガバイトのハードディスク、いずれが機能が良いかと聞かれれば、全員が2ギガバイトと答えるだろう。機能的価値は比較が容易であるため、優劣をつけやすく、勝ち負けがはっきりしやすい。

一方、「情緒的価値」とは、たとえばパソコンであれば、スタイルの美しさ、形、デザイン、カラーなどから生まれる価値である。

情緒的価値の評価軸は、「好き⟷嫌い」だ。好き嫌いは、一本のモノサシで測定は困難であるため、優劣がつきにくい。ある商品のデザインをみたときに、それを好きな人もいれば、好きでない人もいる。ある人が好きなお店の雰囲気と、別の人が好きな雰囲気は違うかもしれない。

情緒的価値においては勝ち負けがはっきりしないので、多様な価値観の共存が可能である。多くの分野で機能そのものに大きな違いが出しにくくなっている今日、**美的要素の追求や洗練されたデザインなどで情緒に訴える**ことの重要性はますます増加している。

ちなみに、「好」「嫌」という漢字をよくみてほしい。二つの漢字に何か共通点はないだろうか？

そう、いずれも女偏がつく。情緒的価値の訴求では、女性の感性や能力がポイントになることが多い。

（尺度）
「機能的価値」→良い、悪い（「アタマ」に訴える）
「情緒的価値」→好き、嫌い（「ココロ」に訴える）

強いブランドは、顧客のアタマとココロに訴える

強いブランドが、優れた機能だけでなく、情緒的な価値で人をひきつけていることは、世界的に強力なブランドをみるとよくわかる。

ここで、「ルイ・ヴィトン」「スターバックス」「アップル」「ディズニーランド」の四つのブランドを思い浮かべてみよう。これらの世界的に強力なブランドは、どのような価値によって人々をひきつけているだろうか？　消費者１０００人調査を利用して、探ってみた。

調査では、先入観や主観を排除するため、回答者には第三者の立場になって考えてもらうことにした（「投影法」という手法）。具体的には、回答者自身について聞くの

ではなく、他者について聞いている。

「○○ブランドが好きなAさんがいます。Aさんが、このブランドを好きな理由は何だと思いますか」

回答者には自由に言葉を記入してもらった。結果をまとめたものが下記である。

・ルイ・ヴィトン

（機能的価値）「丈夫だから」「品質が良い」「長持ちする」

（情緒的価値）「デザインが好き」「おしゃれ」「ステータス感がある」

・スターバックス

（機能的価値）「味が好き」「おいしい」

（情緒的価値）「おしゃれ」「雰囲気が好き」「くつろげる」

・アップル

（機能的価値）「使いやすい」「性能が良い」「機能」

（情緒的価値）「デザインが好き」「かっこいい」「おしゃれ」「スタイリッシュ」

・ディズニーランド

（機能的価値）「アトラクション」「キャラクター」

（情緒的価値）「夢がある」「楽しい」「現実を忘れられる」

いずれのブランドも「機能的価値」だけでなく、「情緒的価値」が選ばれる理由になっていることが明らかだろう。

強いブランドは、優れた機能だけで人々をひきつけているのではない。人の情緒や感性にも訴求しているということだ。ブランドづくりは「理性」と「感性」のバランス、「機能的価値」と「情緒的価値」のバランスが大切なのである（図5－2参照）。

情緒への訴求例として、高糖度ミニトマト「ア

図5-2　強いブランドは、機能と情緒に訴える

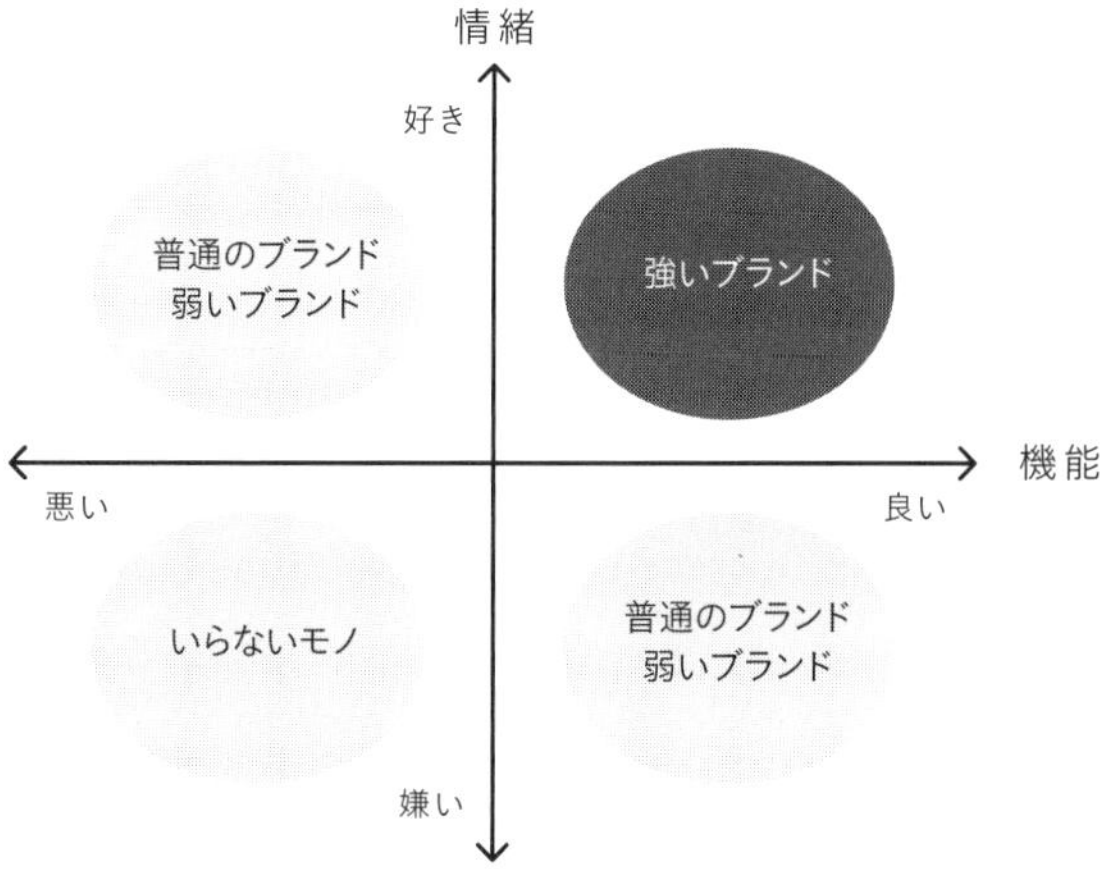

メーラ・ルビンズ」の例をあげよう。

アメーラ・ルビンズは、直径1～2センチと小さな、甘みと酸味のバランスが絶妙な「高糖度ミニトマト」だ。独自の技術で生産され、歯ごたえのある皮の中に、カロテンやビタミンC、ギャバなどの栄養が凝縮されている。加えて、ルビーのような赤い輝き、小さなジェリービーンズのような美しい形状など、感性を刺激するトマトである。

「トマトが赤くなると医者が青くなる」（欧米のことわざ）

従来のトマトは、リコピンなどの栄養価、機能的価値を強調するものが多い。だが、アメーラ・ルビンズは、消費者の**情緒的価値に訴える「右脳型トマト」としてポジショニング**している。

アメーラ・ルビンズのブランドづくりは、デザインを重視し、買い手の五感に訴える。ルビーのような赤い輝きと魅力的な形状をアピールするために、透明なプラスチック・ケースを採用している。プラスチック・ケースに入っているトマ

アメーラ・ルビンズ

トは前代未聞だろう。

オフィスのデスクの上においても、まったく違和感がなく、おしゃれなおやつになる。プラスチック・ケースに入っているため、形が崩れず、バッグの中にさりげなく入れておくこともできる。

ケースのふたを開ける瞬間、イチゴのような甘い香りがただよう。その甘い香りから期待するに違わぬおいしさだ。消費者の声を紹介しよう。

「容器のふたを開けたときにした香りが、イチゴのようでした」

「アメーラ・ルビンズのケースのふたを開けた瞬間は、イチゴのような甘い香りがしました」

アメーラ・ルビンズのリーフレットも、感性に訴えるものである。ここでは、実際に利用しているリーフレットと、不採用になったリーフレットを比較してみよう。

図5―3は、不採用になったリーフレットだ。キャッチコピーには、「新フルーツ」とある。たしかにアメーラ・ルビンズは、これまでにない新しいタイプのトマトであるが、新しいか古いかは、感性とは無関係である。今日の「新しさ」は、明日の「古

さ」だ。新しさだけでは、長続きしないし、消費者の感性に訴えないだろう。

採用されたのは、図5－4のリーフレットである。このリーフレットでは、ルビンズをグラスに入れ、ルビーのような赤色の輝きをアピールしている。キャッチコピーは「ルビーのようなフルーツ。清らかな水と空気で大切に育てました。」である。

健康、甘さ、リコピンといった機能を訴求する言葉は一切入っていない。にもかかわらず、このリーフレットをみていると何となく食べたい気持ちになってしまう。

アメーラ・ルビンズが、消費者の感性に訴える右脳型トマトという独自のポジションを築いていることは、消費者の声からもうかがうことができる。

図5-3　不採用のリーフレット（感性に訴えない）

「ルビーのように真っ赤な色で、ジェリービーンズのようにコロンとかわいい。ちっちゃなトマト、アメーラ・ルビンズ！」

「デザートのようなパッケージのかわいさにもひかれて買いました」

「プリンの入っていそうな透明のカップに入っていたので、トマトがまるでお菓子のようにみえた」

「ルビーの名がふさわしい、真っ赤な小粒のトマトちゃん！　美しいー」

「とってもかわいいトマトを購入」

「小さくてドングリのような愛らしい姿」

「ルビンズ……あまりのかわいいパッケージとうまそうな雰囲気に負けました。完敗です」

「形がかわいく、食べるのがもったいなくて、つい眺めてしまいます」

図5-4　採用のリーフレット(感性に訴える)

このように消費者の声には、「かわいい」「愛らしい」「美しい」など、情緒的な言葉があふれている。

社外知の活用

デザインなど感性訴求型のマーケティングの分野においては、企業内部だけでは必要な資源の確保に困難を伴う場合が多い。とくに、経営資源が限られる中小企業の大部分にはマーケティング部門やデザイン部門がないため、外部の協力者が欠かせない。生産者は生産のプロであるが、デザイナーではないし、マーケティングのプロでもない。こういった分野においては、外部にも目を向け、社外知を活用することが大切だ。外部専門家とチームを組むことで、企業内部にも知が集積し、効果的なブランドづくりが可能になる。

アメーラを生産するサンファーマーズは、社外ブレーンを確保することで、不足している経営資源を補い、生産者単独では不可能なことを実現している。

社外ブレーンは、マーケティング、デザインといった分野だけでなく、フードコーディネート、IT、商標管理など多様な分野にわたっている（図5－5）。

いずれの分野のブレーンも、組織単位ではなく、個人単位もしくは一個人として参加している点が特徴だ。このため生産者とブレーンの意思疎通、ブレーン同士の意思疎通がスムーズであり、柔軟性が高く、迅速な行動が可能になっている。

中小企業が社外ブレーンを確保し、効果的なブランドづくりを行うためにはどのような条件が必要になるのか。サンファーマーズの社外ブレーンにアンケートを行ったところ、次のような条件が浮かびあがってきた。

①企業内に、ブレーンとの連携のハブとなる人材がいること
②ブレーンと生産者の間に信頼関係があること

図5-5　社外ブレーンと連携したブランド構築

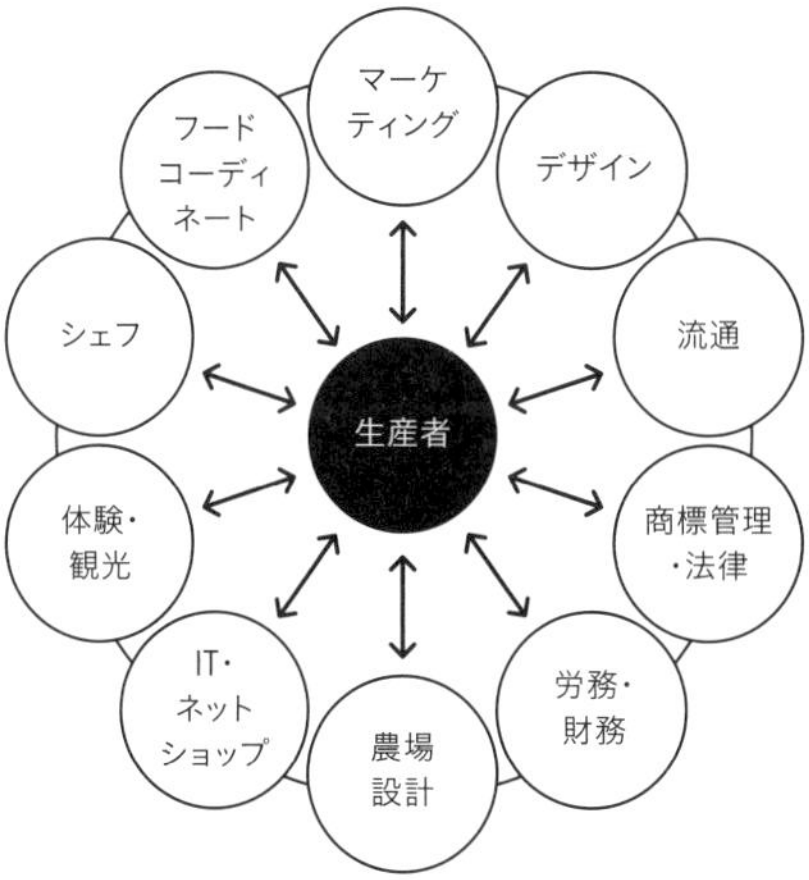

③ブレーンと生産者の間にＷｉｎ－Ｗｉｎの関係が構築できること
④ブレーンにまかせっきりにせず、ともに考える姿勢があること
⑤商品そのものや組織自体に、ブレーンをひきつける魅力があること

感情に訴えるブランドづくりに成功するためには、社外のパートナーとの連携が有効になる。外部の専門家とのパートナーシップを機能させるための体制を構築しておく必要があるだろう。

CHAPTER6

なぜ、二番手ではダメなのか？

第二のアップルになろう。第二のスターバックスになろう。第二のマクドナルドになろう。第二の○○になろう。これでは、ブランドづくりはうまくいかない。

二番手を目指した時点で、強いブランドづくりは失敗する。強いブランドは、自分の土俵をつくり、ポジションを明確にし、そこでチャレンジをする。トップランナーのもの真似や、ライバルのもの真似によって、強いブランドが生まれたケースはほとんどない。

では、なぜ二番手ではいけないのか？

一番手を目指すためにはどのようにすべきか？

そもそも小さな企業でも、一番手を目指すことができるのだろうか？

これらについて、本章では検討していこう。

自分の土俵で、一番手を目指す

「よその真似ごとはしない」

「他社が手掛けていないジャンルの商品を充実させることが何より重要」

「他にない独自のサービスを考えなくてはブランドにはならない。真似でもなく、他の追随を許さない、揺るがないものをみつけたい」

「自分の会社でしかつくれない製品をつくることです」

これらは、経営者1000人調査で、「強いブランド」を有すると回答した経営者から寄せられた意見である。ブランドづくりに成功した経営者の言葉には、共通点が多い。

ブランドづくりとは、人の心に「違い」をつくることである。自社ブランドが、他にもありそうな商品と認識されることは、避けなければならない。自ら独自の価値を生み出し、そのカテゴリーでトップになることが必要だ。


次の文章の空欄を埋めてほしい。

Q　日本で一番高い山は□である
Q　日本で一番大きな湖は□である
Q　お茶の生産量が第1位の都道府県は□である
Q　じゃがいもの生産量が第1位の都道府県は□である

ほとんどの人は、すべての質問に簡単に答えることができただろう。

消費者1000人調査の結果をみてみよう。正解率は、次のとおりだ。いずれの質問も100％近い。

日本で一番高い山……………………………99・4％
日本で一番大きな湖…………………………95・0％
お茶の生産量が第1位の都道府県…………96・9％
じゃがいもの生産量が第1位の都道府県……96・2％

ちなみに、「日本で一番高い山」の正解率は99・4％と100％ではない。間違えた人の回答をみたところ、1人を除き全員が「エベレスト」と回答していた。そう、日本一高い山を知らないのではなく、質問文をよく読んでいなかったということだ。

では、次の質問はどうだろう？　空欄を埋めてほしい。

Q　日本で二番目に高い山は□である
Q　日本で二番目に大きい湖は□である

Q　お茶の生産量が第2位の都道府県は［　　］である
Q　じゃがいもの生産量が第2位の都道府県は［　　］である

今度はできただろうか？　すべての質問に回答できた人は少ないのではないか。

消費者1000人調査の正解率は、次のとおり、極端に低い。

日本で二番目に高い山……………………14・3%
日本で二番目に大きい湖…………………23・4%
お茶の生産量が第2位の都道府県………12・9%
じゃがいもの生産量が第2位の都道府県……9・1%

一番手と二番手の違いは顕著だ（図6－1）。この結果は、二番手はイメージが浮かびにくく、人の記憶に残りにくいことを示唆している。

ブランドも同様だ。

一番手の後追いをしても、人の心の中に強いブランドを築くことはきわめて困難である。

「高い山」というカテゴリーでは、第1位の富士山は「強いブランド」であるが、第2位の北岳は「弱いブランド」＝「名前」である。「富士山」と聞くと、日本人の誰もがイメージを浮かべることができるだろう。一方、「北岳」と聞いて、頭の中のスクリーンに映像が浮かぶ人はどれだけいるだろうか。

ブランドづくりで大切なのは、「高い低い」「大きい小さい」「多い少ない」ではなく、**「好きか、嫌いか」というモノサシ**だ。ちなみに、日本人が「好きな山」は何だろうか？

　NHK放送文化研究所の調査によると、第1位はもちろん「富士山」である。では、第2位はどの山か？

　それは「阿蘇山」だ。阿蘇山の高さは、日本の山ベスト100にも入らない。二番目に好きな山は、

図6-1　一番手と二番手の正解率の差は大きい

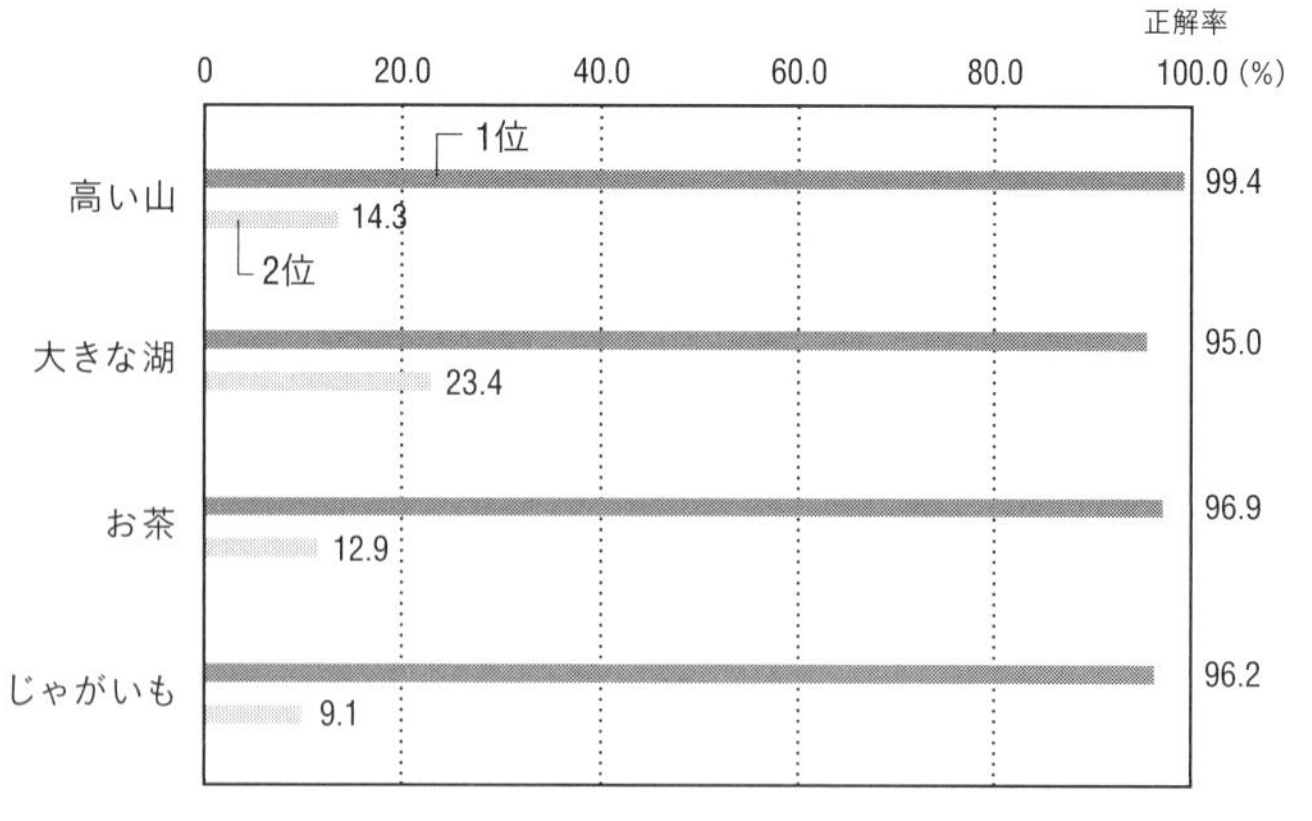

二番手は、山「北岳」、湖「霞ヶ浦」、じゃがいも「長崎県」、お茶「鹿児島県」
出所）消費者1,000人調査

二番目に高い山ではない。

しかし、阿蘇山は、世界有数の大型カルデラといった圧倒的な個性を持つ。多くの人は、「阿蘇山」と聞けば、何となくイメージが浮かぶのではないだろうか。「カルデラ火山」というカテゴリーでは、阿蘇山は日本で圧倒的にナンバーワンなのである。この意味で、阿蘇山は「名前」ではなく、「ブランド」だ。

ブランドになるためには、「山」という広いカテゴリーで二番手を目指すのではなく、「カルデラ火山」という独自のカテゴリーを生み出し、そこで1位になるという発想が必要なのである。

「ジャングル」ではなく、「砂漠」に種をまく

「ジャングル」には種をまかず、「砂漠」に種をまく。これが強いブランドだ。

ジャングルは、水も豊富で芽が出やすい。しかし、たとえ芽が出たとしても、誰にも気づかれない。目の前には、他の植物が生い茂り、視界は閉ざされる。生き残り競争も厳しい。その他大勢の中に埋もれてしまう。

新規参入が容易なジャングル地帯では、ブランドづくりは困難である。

強いブランドは、芽が出にくい砂漠地帯に種をまく。すなわち、新規参入が困難なマーケットにポジショニングする。砂漠で芽を出すのは厳しいが、成功すれば突出できる。競争は少なく、目の前には、大きく視界が広がる。他から真似をされることもない。

図6－2をみてほしい。**競合が少ない砂漠地帯の商品ほど、ブランド力が強い**ことは明らかだろう。誰もが容易に参入できる市場では、強いブランドは生まれないということだ。

苦あれば、ブランドあり

自分の頭で深く考えず、楽な方向に進むことや、安易に他社に追随することは、ブランドづくりの「失敗」への第一歩になってしまう。「楽あれば、ブランドなし」ということだ。

図6-2　競合が少ない商品ほど、ブランド力が強い

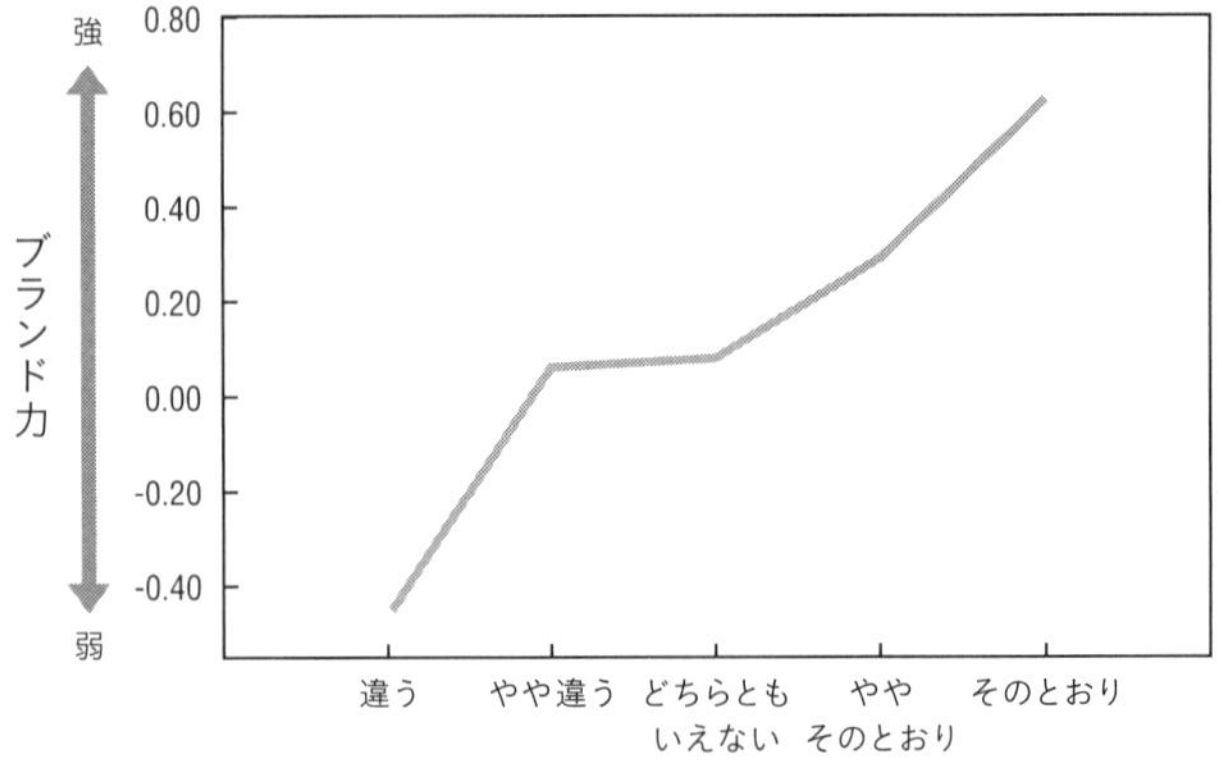

注）p値<0.001
出所）経営者1,000人調査

そうではなく、自分の頭でじっくり考え、自らの道を切り開くことが、ブランドづくり「成功」への近道となる。

「苦あれば、ブランドあり」。安易に周りと同じことをしていたのでは、強いブランドをつくることはできない。

［弱いブランドの発想］
誰もやっていないからやらない
↓
前例がないからやらない

［強いブランドの発想］
誰もやっていないからやる
↓
前例がないからやる

前例がないからこそ、成長があり進歩がある。新規参入しにくい分野、模倣されにくい分野ほど、強いブランドが生まれやすい。

日本を代表するブランドである「ソニー」。その創業者の一人、井深大が1946年に起草した東京通信工業（現ソニー）の設立趣意書に、次のような経営方針が記載されている。

一、経営規模としては、むしろ小なるを望み、大経営企業の大経営なるがために進み

得ざる分野に、技術の進路と経営活動を期する
一、極力製品の選択に努め、技術上の困難はむしろこれを歓迎、量の多少に関せず最も社会的に利用度の高い高級技術製品を対象とす。また、単に電気、機械等の形式的分類は避け、その両者を統合せるがごとき、他社の追随を絶対許さざる境地に独自なる製品化を行う

——井深大「東京通信工業株式会社設立趣意書」ソニーのウェブサイトより

この文章は、まさに、「砂漠に種をまこう」という発想だ。戦後間もない1946年に書かれたこの文章は、今も輝いている。いや、今さらに輝きを増している。**他社が進まない分野に進路を定め、困難をも歓迎し、創意工夫を続ける。**強いブランドをつくるためには、こういった精神が必要なのである。

小さくてもトップになれるのか？

「一番手を目指すことができるのは、大企業の話で、我々のような小さな企業には不可能だろう。どうやって一番手になれというのか？」

このような意見を聞くことがある。本当に、小さな企業がトップを目指すことは難しいのだろうか？

そんなことはない。

一番手になるのは、大企業である必要はない。消費者が個性化し、マーケットが多様化する今日、小さな企業でもトップになることは十分可能だ。

もちろん、既存の大きなマーケットで首位を目指すのは、ハードルが高いかもしれない。だが特定カテゴリーでトップになることは可能だ。

具体的な方向性を例示してみよう。

①小さなマーケットにポジショニングする

小さなマーケットとは、既述のソニーの設立趣意書にある「大経営企業の大経営なるがために進み得ざる分野」である。21世紀のマーケットの特徴は多様性である。ソニーの設立趣意書が書かれた当時と比較すると、マーケットが小さいため、大きな企業が参入できない市場は格段に増えているはずだ。ポイントは、このような市場をみつけ、自らをそこに位置づけることである。

②カテゴリーを切り取る

あるカテゴリーの一部を切り取り、自社が一番手になれる新カテゴリーを生み出す。既述の阿蘇山の例のイメージだ。「山」という大きなカテゴリーではなく、「カルデラ火山」というカテゴリーでトップになる。

たとえば、トマトであれば、トマト全体でトップになるのではなく、トマトの中から「高糖度トマト」というカテゴリーを切り取り、そこでトップを目指す戦略だ。

③カテゴリーの一部を反転させる

既存のカテゴリーの一部を反転させ、新たなマーケットをつくる。たとえば、次のようなイメージである（注）。

〈プラモデル〉　これまでのプラモデルは「男性」中心 ⇕ 「女性」のためのプラモデル

〈緑茶〉　これまでは緑茶といえば「和菓子」⇕「洋菓子」のための緑茶

〈ふりかけ〉　これまでのふりかけは「ご飯」⇕「デザート」のためのふりかけ

④特定カテゴリーの高級化市場に特化する

高級化市場では、規模の大きな企業よりも、小さな企業のほうが優位性が高い。なぜなら、量と質は両立しにくいからだ。たとえば、トマトケチャップ全体ではなく、「高級トマトケチャップ」のカテゴリーで一番手をねらうという発想である。

⑤特定エリアにフォーカスする

マーケットエリアを分割し、徹底的な地域密着戦略で、特定の地域でトップになる。ある地域でナンバーワン、「ここにしかない」という特徴は、地域内の人だけでなく、観光客など他地域の人にとっても魅力的である。

⑥特定グループにフォーカスする

ターゲット消費者を絞り、特定消費者グループから熱狂的な支持を受ける。誰もが知るわけではないが、ある顧客層はみんな知っている。そんなブランドだ。

ポジショニング・マップをつくってみる

強いブランドをつくるためには、自らのポジショニングを明確にすることが必要である。「砂漠」に種をまいているのか、「ジャングル」に種をまいているのかは、ポジショニング・マップを書いてみるとわかる。

ポジショニング・マップは、競合他社のブランドに対する自社ブランドの相対的な位置づけを視覚的に表現したものである。

ポジショニング・マップは、2次元で図示するとみやすい。各次元にどのような要素を持ってくるのか、これがブランド戦略のポイントになる。具体的なイメージをつかんでもらうため、「アメーラ」と「アメーラ・ルビンズ」の例をみてみよう。

「消費者はどこにでもあるものには高いお金は出しません。要するにオリジナルでなければならないのです」

このサンファーマーズの稲吉正博社長の言葉のとおり、アメーラのポジショニングは明確だ。ここでは、「提供する価値」と「ターゲット」の二つの軸を利用して、ポジショニングしてみよう。

第1次元（横軸）：提供する価値が「機能的価値」か、「情緒的価値」か

第2次元（縦軸）：ターゲットが「マス層」か、「グルメ層」か

図6－3のように、四つのゾーンからなるポジショニング・マップを描くことができる。アメーラは、競合が少ない独自のゾーン（砂漠地帯）にポジショニングしてい

ることが視覚的に確認できる。

日本を代表するビッグブランドの「カゴメ」は、健康やリコピンなどの機能性を強調し、マスマーケットをターゲットとしている。一方、アメーラはグルメ層にターゲットを絞り、機能性とともに、洗練されたイメージなど情緒的価値を提供している。

次に、アメーラ・ルビンズのポジショニングをみてみよう。ここでは、「サイズ」と「糖度」の二つの軸を利用して、ポジショニングしよう。

第1次元（横軸）：サイズが「大玉・中玉」か、「ミニ」か
第2次元（縦軸）：糖度が「普通糖度」か、「高糖度」か

図6-3　アメーラのポジショニング・マップ

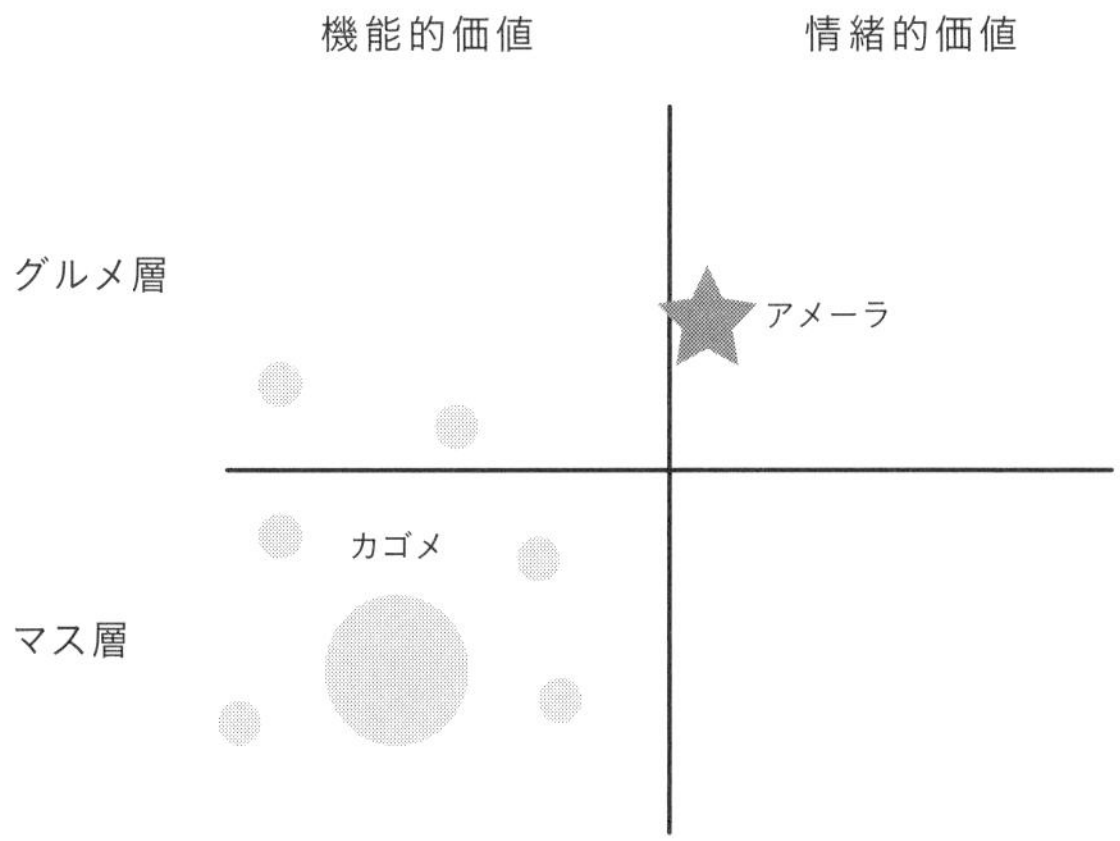

トマトの多くは、大・中玉サイズの普通糖度のトマトだ。このカテゴリーにはたくさんの商品が存在している。いわば、「ジャングル地帯」である（図6－4の左上ゾーン）。

普通糖度のミニトマトのカテゴリーにも既存の商品が密集している（図6－4の右上ゾーン）。どのスーパーに行っても、ミニトマトの品ぞろえは充実している。ここも「ジャングル地帯」だ。

最近は、中玉サイズのフルーツトマト、高糖度トマトも増えてきた（図6－4の左下ゾーン）。

だが、サイズがミニで、糖度が高いゾーンには、これまで商品がほとんどなかった（図6－4の右下ゾーン）。すなわち、「砂漠地帯」だ。アメーラ・ルビンズは、このゾーンにポジショニングしている。「高糖度ミニトマト」という独自のカテゴリーにおいて、トップ・ブランドを目指す戦略だ。

図6-4　アメーラ・ルビンズのポジショニング・マップ

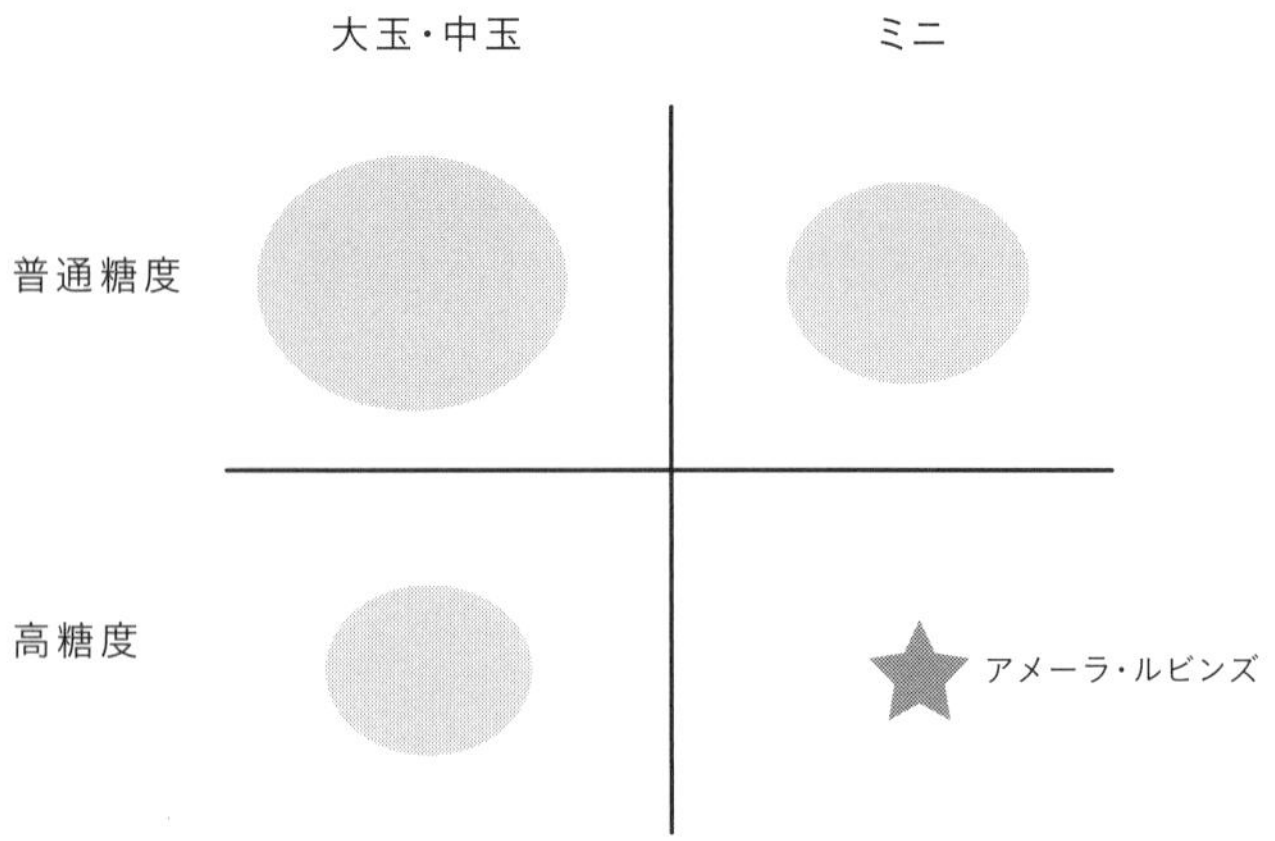

逆張りでいこう

我が国の企業数の99・7%が中小企業。中小企業が、ビッグブランドの大企業と同じ土俵で、強いブランドをつくることは不可能である。中小企業が大企業と同じ土俵で競争しても勝てない。資金力が違うし、マーケティングにかけるお金も違う。すでに多くの企業がひしめき合う「ジャングル地帯」でブランドをつくることも不可能に近い。

「みんながやっているから、自分もやろう」は、ブランドづくりにとって危険な発想である。強いブランドをつくりたいなら、「みんながやるなら、自分はやらない」「既存のビッグブランドとは逆方向に行く」という、**逆張りの発想が必要**だ。

弱いブランド：「よそがやるから、うちもやろう」（後追い、受け身）
強いブランド：「よそがやらないから、うちがやろう」（創造的、前向き）

競合企業の分析をするときにも、「ライバルが何をしているのか」を調べるよりも、

「ライバルが何をしていないのか」を知ることが大切である。ライバルがしていないことに力を入れることによって、他社との違いをより際立たせることが可能になる。

自社の「強み」を分析するときも、逆張りの発想が重要だ。自社にとって「強み」だと思っていても、他社にとって同じように「強み」であれば、違いは生まれない。自社の強みであり、他社の強みとはなっていない要素、他社の弱みである要素を探し出すことが大切である（図6－5参照）。

アメーラが、第二のカゴメになろうと考えていたら、ブランドづくりは失敗していたかもしれない。カゴメは、日本のビッグブランド。カゴメの土俵においては、カゴメのような強いブランドは決してつくれない。

アメーラは、カゴメの「逆張り」でいく。カゴメのブランド・ステートメントは「自然を、おいしく、楽しく。」である。カゴメ・ブランドは、とても親しみやすく、大衆性が高く、価格も手ごろで人気がある。これに対して、アメーラ・ブランドが志向するのは、プレミアム・トマト、

図6-5　自社の強みをライバルの弱みにぶつける

		自社	
		強み	弱み
ライバル	強み	△	×
	弱み	ここで勝負 ◎	×

グルメ・トマトという独自のポジションだ。

図6－6は、消費者1000人調査のデータを用いて作成した、カゴメ・ブランドのトマトとアメーラ・ブランドとのポジショニング・マップである。図から明らかなとおり、消費者が認識する両ブランドのポジションはきわめて対照的なことがわかる。

ブランドを擬人化する

明快で独自性の高いブランドを生み出すにあたっては、「ブランドを人にたとえてみる」ことも効果的だ。

たとえば、トマトのカテゴリーで独自のポジションをつくるとしよう。まず、「一般的なトマト」を人にたとえてみる。どのようなパーソナリティになるだろうか？　性別は？　年齢は？　性格は？

図6-6　アメーラは、ビッグブランドの逆張りでポジショニング

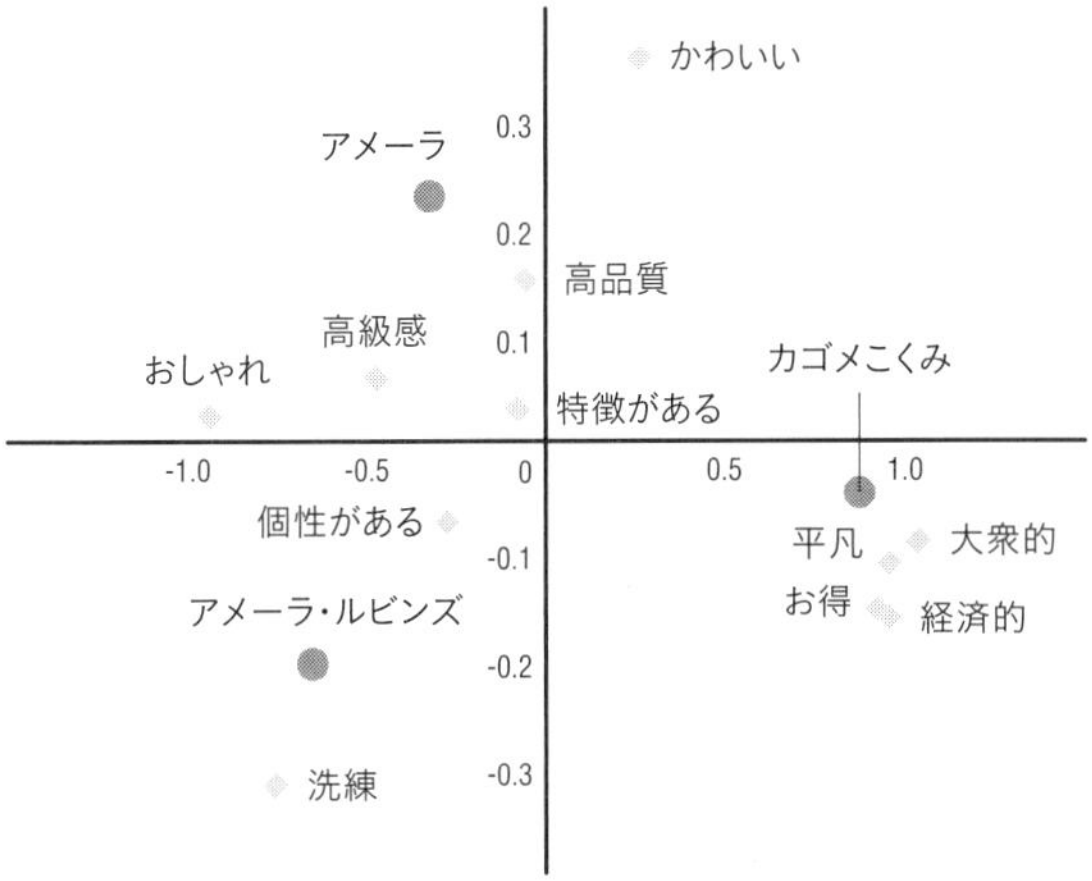

消費者1000人調査で調べてみたところ、年齢は「20歳」、性別は「女性」、性格は「明るく元気」というパーソナリティが浮かびあがってきた。つまり、一般的なトマトのブランド・パーソナリティは、「明るく元気な20歳の女性」である。

一般的なトマト　＝　「明るく元気な20歳の女性」

独自のポジションを生み出すためには、このような一般的なトマトのイメージとは大きく異なるパーソナリティを設定する。アメーラが設定するブランド・パーソナリティは、「やさしく穏やかな大人の女性」のイメージである。

アメーラ　＝　「やさしく穏やかな大人の女性」

ブランド・パーソナリティが明確であれば、一貫性を持ったブレないブランド戦略が実行できる。

たとえば、どのようなリーフレットをつくればよいか、どのようなパッケージにすべきか、などを検討するときにも、「やさしく穏やかな大人の女性」というブランド・

パーソナリティが共有できていれば、メンバーのベクトル合わせがしやすくなるはずだ。

［注］静岡県立大学経営情報学部岩崎ゼミナールのビジネスプラン実習における学生のプラン。このうち、「デザートのためのふりかけ」と「女性のためのプラモデル」に関するビジネスプランは、ＳＯＨＯしずおかビジネスプランコンテストで最優秀賞を受賞している。

CHAPTER7

ブランドづくりは、ひき算である

「スターバックス」の開業当時のロゴ（1971年）をみると、そこには「コーヒー」「ティー」「スパイス」と書いてある。そう、当時は、コーヒー、紅茶、スパイスを売る店ということだった。

1987年のロゴから「ティー」「スパイス」の文字が消えている。「紅茶」と「スパイス」をひき算し、「コーヒー」に焦点を絞ったのである。

これが、スターバックス飛躍のきっかけだ。

もしスターバックスが、コーヒー、紅茶、スパイスを総合的に扱う企業であり続けたとしたら、今日のような強力なブランドになることはなかっただろう。

質問：コーヒーを扱う二つの店があります。あなたは、どちらでコーヒーを買いたいと思いますか

A店：コーヒーを扱う店　　B店：コーヒー、紅茶、スパイスを扱う店

消費者1000人調査の結果は、次のとおりである。

A店……………67・0%
B店……………10・1%
どちらでもよい……22・9%

コーヒーに取扱商品を絞ったA店が圧倒的に支持されている。強いブランドをつくるためには、「ひき算の発想」が必要だ。

たとえば、すべてのケーキが平均的においしい洋菓子店は、ブランドになるだろうか？

おそらく、ならない。ブランドになりえるのは、ラスクが有名、フルーツタルトが有名、チーズケーキが有名など、訴求ポイントが絞られた店である。

飲食店でも、中華も和食も洋食も何でも提供する総合食堂は、ブランドにはならない。ブランドになるとすると、中華料理専門店、日本料理専門店、フランス料理専門店など、専門性の高い業態である。

不要なものをそぎ落としてこそ、際立つことができる。**ブランドづくりには、捨てる勇気が大切だ。**

では、強いブランドをつくるためには、どのように「ひき算」をすればよいのであろうか？　本章では、その方向性について検討していくことにしよう。

訴求ポイントのひき算

次のような感じの広告宣伝をみることはないだろうか？

「この商品には長所がたくさんあります。まず一つ目は……、二つ目が……、三つ目が……、四つ目が……、五つ目が…。この他にも……。どうです。素晴らしい商品でしょう」

自社商品の利点を羅列するタイプの広告宣伝だ。売り手は、自分の企業や商品の良いところを、できる限りたくさん買い手に伝えたいと思う。ある意味、売り手としては自然な心理かもしれない。

だが、強いブランドをつくるためには、これとは逆の発想をとる必要がある。強いブランドは、何が最も大切なのかを見極め、訴求ポイントを何かに絞り込む。商品の優れている点を並列的にたくさん提示するタイプのメッセージは、人に伝わりにくく、印象に残りにくい。

あなたは、どちらのトマトにひかれるだろうか？

Ａ　とても甘く、酸味も高く、うまみもあり、香りも良く、栄養価が高いトマトです

Ｂ　とても甘いトマトです。それだけでなく、酸味もうまみもあり、香りも良く、高い栄養価があります

消費者1000人調査の結果は、以下のとおりだ。

Aにひかれる……34％
Bにひかれる……66％

実は、AもBも、内容自体はまったく同じである。にもかかわらず、多くがBのメッセージにひかれると回答する。違うのは、伝え方だけだ。

Aは、いきなり最初から何でもありますと伝えている。一方のBは、まず何か一つに絞り込み、その後で実はこのような特徴もありますと伝達している。

強いブランドをつくりたいのなら、最初からすべてを伝えようとするのではなく、まず何かでひきつける。その後で、実はこのようなメリットもありますと伝えたほうが効果的である。「一段階訴求」ではなく、「二段階訴求」である（図7－1参照）。

高糖度トマト「アメーラ」は、単に甘いトマトではない。実際、ただ甘いだけのトマトは全然おいしくない。ためしに、トマトに砂糖をかけて食べてほしい。全くおいしくないはずだ。甘いだけのトマトは、すぐ飽きてしまう。

トマトのおいしさは、「糖度」「酸度（クエン酸）」「うまみ（グルタミン酸）」などから構成されている。

図7-1　何か一つを選び、それを強調する

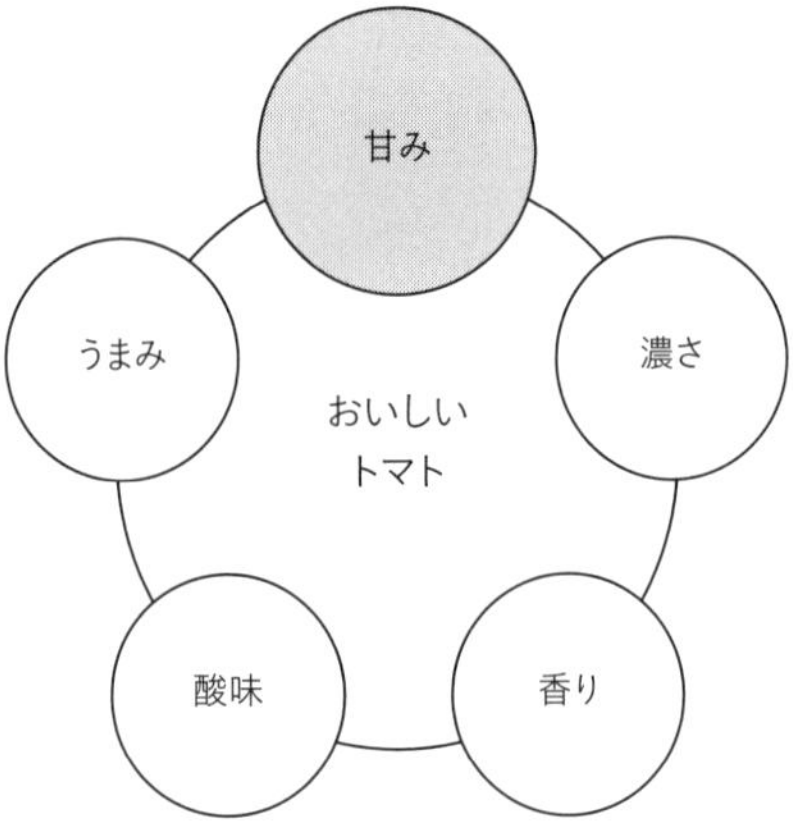

アメーラがおいしいのは、甘み、酸味、うまみ、香りが濃縮し、そのバランスが絶妙だからである。

では、単なる「高糖度トマト」ではなく、「高糖度・高酸味・高うまみトマト」でいくべきだろうか？

それでは絶対にうまくいかない。多様な特徴を並べると、特徴が薄まってしまうため、強いブランドにはならない。

では、「高品質トマト」はどうだろう？　これもうまくいかないだろう。「高品質」という言葉は漠然としており、いったい何の品質が高いのかわからないし、インパクトも弱い。

アメーラは、その強みの中で「甘さ」に焦点を当てて、高糖度トマトとして明確にポジショニングしている。ブランドづくりにおいては、**最も人をひきつける特徴を選び、それを強調し、自らのポジションを明確にする**ことが必要なのである。

品ぞろえのひき算

次のような二つのブランドがあるとする。どちらに魅力を感じるだろうか？

①トマトを専門に扱うブランド
②トマトとレタスとニンジンから構成されるブランド

消費者1000人調査の結果は、以下のとおりだ。

①トマトを専門に扱うブランド……………………………79・6%
②トマトとレタスとニンジンから構成されるブランド……20・4%

圧倒的に多くの人は、幅広い商品を扱うブランドよりも、取扱商品が絞られたブランドに魅力を感じる。本章の冒頭で述べた、スターバックスが「コーヒーと紅茶とスパイス」から「紅茶とスパイス」をひき算した例も、同様である。

たとえば、**「アップル」と「パナソニック」**を比較したときに、「アップル」のブランドイメージのほうが鮮明なのも同じ理由だろう。「アップル」の取扱商品は、パソコン、スマートフォン、タブレット端末など、特定の分野に絞り込まれている。

一方、「パナソニック」の商品構成をみると、白物家電（冷蔵庫、洗濯機、エアコン、掃除機など）、AV機器（テレビ、電話機、ファックス、パソコンなど）から、住設機器（トイレ設備、照明設備、風呂など）に至るまで、商品ラインがとても広い。「家まるごとパナソニック」戦略だが、どうしても明快で鮮明なブランドイメージは築きにくい。

世界のブランドの評価を行うインターブランドの「ベスト・グローバル・ブランド２０１２」の評価をみても、アップルのブランド価値は７６５億ドルにのぼるが、パナソニックのブランド価値は57億ドルにとどまる。両社のブランド価値の格差は13倍以上である。

言葉のひき算

ここまで、「訴求ポイントのひき算」「品ぞろえのひき算」についてみてきたが、「言葉のひき算」も強いブランドをつくるために有効である。

具体的なイメージをつかむため、「ルビンズゴールド」のキャッチコピーの例をあげよう。ルビンズゴールドは、サンファーマーズが生産する黄色の高糖度ミニトマト。下記の消費者の声のとおり、美しく輝く黄色をしたトマトだ。

「色が濃くて、他の黄色のトマトよりキレイ」
「色は、丸いイエロートマトより、濃くて、とてもきれい」

この商品には、つやと輝き、高級感、希少性があり、単なるイエローというより、ゴールドのイメージである。今でもイタリアでは、トマトは「ポモドーロ＝黄金のリンゴ」と呼ばれているそうだ。

事前のマーケット・リサーチで、想定ターゲット層が好感度を示した「ゴールド」と「輝き」という二つの単語をキーワードとしたキャッチコピーをつくることにした。

当初案は「ゴールドのように輝くフルーツ」である。言葉のひき算の結果、最終的に採用されたコピーは「ゴールドの輝き」である（図7－2のリーフレット参照）。

図7-2　ルビンズ・ゴールドのリーフレット

当初案　「ゴールドのように輝くフルーツ」
↓
改正案　「ゴールドのような輝き」
↓
採　用　「ゴールドの輝き」

当初案に比べ、採用案のほうがインパクトがあることがわかるだろう。言葉のひき算をすると、一つひとつの言葉が力を持ち、言葉に輝きが増す。ブランドの表現は、できるだけシンプルにしたほうがよい。

シンボルを持つ

世界で最も「ブランド力」が高い美術館はどこだろうか？　消費者1000人に聞いてみた。

上位5位は表7－1のとおりである。

選択肢なしで自由に記述してもらったにもかかわらず、なんと１０００人中７９０人もの消費者が「ルーブル美術館」の名前をあげている。

ルーブル美術館のブランド力が、これほどまでに高いのはなぜだろう？

所蔵している作品数が「世界最大級」だからだろうか？　それとも、この美術館には誰もが知る「モナ・リザ」があるからだろうか？

消費者１０００人調査の結果をみると、「世界最大級の所蔵作品数」に魅力を感じる消費者数と、「モナ・リザ１作品」に魅力を感じる消費者数はほぼ同数だ。そう、たった一つの作品の魅力が、世界最大級の作品数の魅力の合計に匹敵するのである。

モナ・リザ１作品　＝　世界最大級の作品数

表7-1　世界で最もブランド力の高い美術館はどこ？

1位	ルーブル美術館	790人
2位	メトロポリタン美術館	37人
3位	エルミタージュ美術館	21人
4位	オルセー美術館	16人
5位	大英博物館	15人

出所）消費者1,000人調査

ブランドをつくるために、「量の勝負」でいくか？　それとも「象徴的な商品」でいくか？　どちらの道を目指すのか。

量の勝負では、勝ち負けがはっきりする。勝つのは、少数の大きい企業だ。日本の企業数の99・7％は中小企業である。「量の勝負」では大企業に勝てない。大部分の企業がとるべき方向性は、「象徴的な商品」「シンボルとなる商品」をつくることだろう。

みなさんにとっての「モナ・リザ」は何だろうか？

シンボルは何か？

「シンボルとなる商品」がマーケットに認識されているか否かは、次の文章をつくり、ターゲット顧客に聞いてみるとよい。

（　自社名　）といえば、○○。

まず、上の文章のカッコの中に自社名を入れてほしい。そのとき、あなたの「顧客」（あなたではない）は、○○にどのような言葉を入れるだろうか？

もし明確な言葉が入らないようであれば、ブランドづくりはこれからだ。

○○に言葉が入った企業は、次の文章に、その○○を入れてほしい。

○○といえば、［　　　］。

このとき、ターゲットとする消費者は、空欄にどの企業名を入れるだろうか？　あなたの企業名を入れてくれるだろうか？　そうであれば、強いブランドだ。

この「○○といえば」という質問で、まず最初に想起されるブランドは、**トップ・オブ・マインド**と呼ばれる。トップ・オブ・マインドで想起されるブランドは、最も選択されやすい。

消費者1000人調査の結果から、いくつかの商品カテゴリーのトップ・オブ・マインドをみてみよう。

とりあげた商品カテゴリーは以下のとおりである。

・ハンバーガーといえば？
・コーヒーといえば？
・ポテトチップスといえば？
・炭酸飲料といえば？
・マヨネーズといえば？
・カップ麺といえば？
・緑茶ドリンクといえば？
・テーマパークといえば？

回答者には、最初に思い浮かんだブランド名を自由に一つあげてもらった（何も思い浮かばないときは、「とくにない」と記入してもらった）。

結果は、表7－2のとおりである（この表には、各カテゴリーの上位5ブランドを示してある）。

消費者があげた「トップ・オブ・マインド」の第1位をみてみよう。ハンバーガーは「マクドナルド」、コーヒーは「スターバックス」、ポテトチップスは「カルビー」、炭酸飲料は「コカ・コーラ」だ。

表7-2　トップ・オブ・マインド

ハンバーガー

順位	ブランド	出現頻度
1	マクドナルド	812
2	モスバーガー	137
3	バーガーキング	12
4	フレッシュネスバーガー	11
5	とくにない	8

コーヒー

順位	ブランド	出現頻度
1	スターバックス	435
2	ドトール	118
3	ネスカフェ	85
4	UCC	73
5	キーコーヒー	31

ポテトチップス

順位	ブランド	出現頻度
1	カルビー	615
2	湖池屋	327
3	とくにない	51
4	プロ野球チップス	2
5	のり塩	2

炭酸飲料

順位	ブランド	出現頻度
1	コカ・コーラ	504
2	コーラ	213
3	三ツ矢サイダー	82
4	ペプシコーラ	37
5	ない	26

マヨネーズ

順位	ブランド	出現頻度
1	キユーピー	894
2	味の素	70
3	とくにない	17
4	ケンコー	4
5	ピュアセレクト	2

カップ麺

順位	ブランド	出現頻度
1	日清	487
2	カップヌードル	323
3	マルちゃん	39
4	とくにない	36
5	エースコック	17

緑茶ドリンク

順位	ブランド	出現頻度
1	お～いお茶	421
2	伊藤園	195
3	伊右衛門	88
4	綾鷹	83
5	生茶	73

テーマパーク

順位	ブランド	出現頻度
1	ディズニーランド	861
2	とくにない	36
3	富士急ハイランド	19
4	豊島園	13
5	USJ	12

出所）消費者1,000人調査

マヨネーズは「キユーピー」、カップ麺は「日清」、緑茶ドリンクは「お〜いお茶」、テーマパークは「ディズニーランド」。

いずれも、個性的で、明確なイメージを有する、強力なパワーを持つブランドだ。トップ・オブ・マインドのブランドは強い。

脱・平均

ここに2人の学生がいるとしよう。あなたは、どちらの学生にひかれるだろうか？

Aさん：3科目とも偏差値が50

Bさん：1科目の偏差値が70。他の2科目は40

消費者1000人調査の結果は、以下のとおりだ。

Aさん……26・7％

Bさん……73・3％

人をひきつけたのは圧倒的にBさんである。人が魅力を感じるのは、すべての科目が偏差値50の平均的な学生よりも、欠点があったとしても何かに突出している学生である。経営者1000人調査でも、7割の経営者が「Aさんではなく、Bさんを採用したい」と回答している。

ブランドも同様である。

平均点の商品はブランドにはならない。製品にも、欠点が一つか二つぐらいあるのは当然だろう。優れたブランドは、欠点があったとしても、それを補ってあまりある強みを持っている。

突出した強みは、欠点を補ってくれる。**ハロー効果**（後光効果）と呼ばれる現象だ。何かに突出していると、他の要素も良いだろうと思われやすいのである。「弱み」を改善しても偏差値50になるだけ。「強み」をみつけ、それを徹底的に伸ばす姿勢がブランドづくりには求められる。

平均を避けるべき理由を、もう一つあげよう。

それは、「**平均は、実体のない抽象的な概念かもしれない**」ということだ。とくに消費者のニーズが多様化している現在、平均には気をつけなければならない。

たとえば、洋服のマーケットを考えてみよう。

消費者の需要が二極化して、「白」の洋服を好む消費者が50％、「黒」を好む人が50％いるとしよう（図7－3参照）。ここで100％の消費者をねらって、白と黒を合わせた「灰色」のブランドを提供したらどうなるか。

白を好む消費者のニーズにも合わないし、黒を好む消費者のニーズにも合わない、中途半端なブランドができあがる。「二兎を追うものは一兎をも得ず」。黒も白も同時に追うと、虻蜂《あぶはち》取らずになる。結果は最悪だ。

白なら徹底的に白でいく。黒でいくならば徹底的に黒でいく。「平均レベル」「月並み」で満足していたら、強いブランドを構築することはできない。

ブランドづくりの定石は「脱・平均」だ。

図7-3　平均は、実体のない抽象的な概念かもしれない

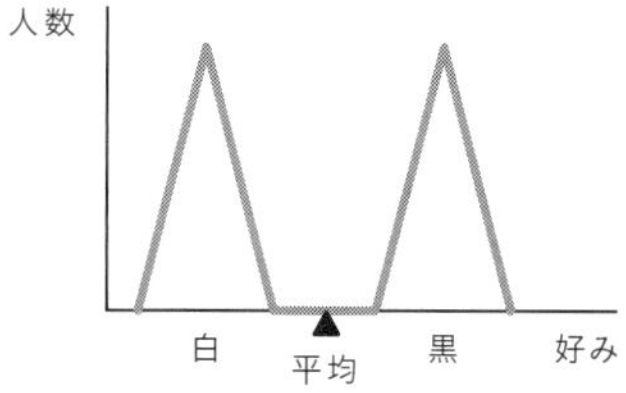

脱・総合

あなたの目の前に、一度に10個のボールが飛んできたとしよう。キャッチできるだろうか?

キャッチできるボールは、せいぜい1つだろう。混乱してしまい、一つも取れないかもしれない。だが、一つのボールだけを投げてもらえれば、確実にキャッチできるはずだ。人には、同時にたくさんのボールを投げないほうがよい。一つのボールをしっかり届けることである。

ブランドづくりも、これと同じだ。

ブランドづくりの一番の近道は、一つのことに集中することである。ここまでみてきたように、強いブランドは、訴求ポイントを絞り込む。いいところをできるだけ多くアピールしようとしても、ブランドづくりには結びつかない。

「総合」「たくさん」「いろいろ」を売りにブランドづくりをしようとする企業や組織があるが、まず成功はしないだろう。かつて、「いろいろ……」というキャッチコピーを利用していた地域があったが、最近は聞かない。うまくいかなかったのだろう。「世の中の需要が多様化しているから、当社も多様化しよう」では、うまくいかない。**多様化しているから、何かに絞り込む**ことが必要なのである。

もちろん、さまざまな資源があること自体は素晴らしいことだ。ただ、マーケットに対しては、あれもこれもではなく、何か一つに絞って訴求することが大切なのである。シンボルをつくり、戦略的にイメージを形成することが、ブランドづくりにおいて不可欠だ。

私の住む静岡県の例を一つあげよう。静岡県で生産される農産物の品目数は167品目で全国第1位だ。静岡県は、地域資源がとても豊かで、本当に住みやすい土地である。

それでは、「生産品目数日本一」でブランドになるだろうか？

おそらく難しい。

「生産品目数日本一の静岡県」では、頭の中のスクリーンに具体的なイメージが浮かばないからだ。繰り返すが、消費者の頭の中にイメージが浮かばなければ、ブランドになることは難しい。

「生産品目数日本一の静岡県」よりも、「お茶の静岡県」のほうが、個性的ではるかにインパクトがあるように思える。緑あふれる茶畑や茶摘みの風景など、頭にイメージも浮かんでくる。

かつて栄華をきわめた百貨店についても同様だ。今や「百貨」では生き残れなくなっている。百貨の「百」はいろいろ、たくさんという意味（百花、百科、百薬、百害、百獣の「百」と同じだ）。

たとえ、自社商品が「〇〇百選」に選ばれたからといって、喜ぶのは早い。それだけでブランド力が強くなることはありえない。

「百」（＝いろいろ）で強いブランドになる可能性は、百に一つもないだろう。**強いブランドは、「百でなく一つ」**だ。

「脱・総合」でいこう。

CHAPTER8

強いブランドの強力な土台

強いブランドをつくるためには、強力な「土台」が必要である。土台とは何か？　それは「高い品質」である。加えて、高い品質を支える専門性、ノウハウ、技術力、技能などが不可欠になる。

品質が伴わなければ、強いブランドはつくれない。中身のない商品にメッキをしても、すぐにはがれてしまう。**ブランドで、低い品質を補うことは不可能だ。**品質が伴わない商品、本物でない商品は長続きしないし、ブランドにはならない。

本章では、ブランドづくりにおける「土台」の重要性についてみていこう。

ブランドで、「鉛」を「金」に変えることはできない

「ブランドで表面をつくろうのではなく、中身を重視すべきだ」

こういった言葉を聞くことがあるが、この指摘は、二つの意味で正しくない。

第一に、「ブランドは、表面をつくろうものではない」。そもそも、中身がない商品は、強いブランドにはなりえない。いかにブランド戦略が優れていたとしても、肝心の商品がダメならブランドにはならない。たとえ、一度買ってもらったとしても、二

度目はない。ブランドで、消費者の目はごまかせないということだ。

第二に、「いくら中身が優れていても、それだけでは、顧客を生み出すことは困難である」ということだ。選ばれるためには、中身とともに、中身を超えた「何か」が必要だ。それが「ブランド」である。

ブランドで、「鉛」を「金」に変えることはできない。そうではなく、**「金」を「より輝く金」に変えてくれるのがブランド**なのだ。強いブランドは、高い品質を消費者に伝達し、その評価をさらに高めてくれるのである。

「品質」と「ブランド」の関係は、図8－1のような「土台」と「とんがり」の関係で考えるとわかりやすいだろう。品質は「土台」で、ブランドは「とんがり」だ。土台が弱ければ、ブランドは崩れてしまう。

「優れた品質の追求」（モノづくり）と「ブランドの構築」

図8-1　土台が弱いとブランドは崩れる

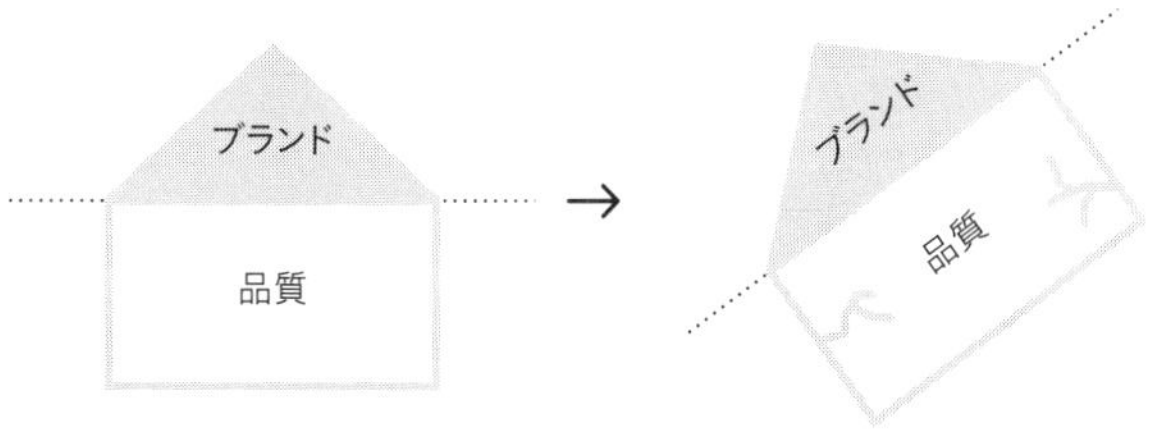

（ブランドづくり）は、どちらが大切かという話ではない。モノづくりもブランドの構築も、どちらも大切だ。「モノづくり力」と「ブランドづくり力」が融合することによって、強い企業や組織が生まれるのである。

アメーラトマトを生産しているサンファーマーズの経営戦略の二本柱は、「品質への徹底したこだわり」と「ブランド力の向上」だ。

「商品に妥協はしない。仕事に妥協はしない」「目指すは、世界一おいしいトマト産地」（稲吉正博社長）

「品質の限りなき追求」（高橋章夫前社長）

アメーラの生産者は、品質には一切の妥協を許さない。厳しい基準をクリアしたものだけが、アメーラのブランドを付与される。

サンファーマーズは、アメーラ・ブランドの糖度基準を公表し、自ら厳しいハードルを課している。年間の糖度基準を対外的に公表したトマト産地はサンファーマーズが初めてだ。トマトを甘くするための基準は辛い。すべてのトマトの糖度をチェックするために、平成23年には非破壊糖度センサーによる、全個体の糖度チェックをスタートしている。

アメーラの糖度基準
1月21日〜6月15日の期間は　糖度8度以上
6月16日〜1月20日の期間は　糖度7度以上
（普通のトマトは、糖度5度前後といわれている）

高糖度ミニトマト「アメーラ・ルビンズ」については、年間を通して糖度10度以上を出荷基準としている。これは、ほぼイチゴと同じ糖度だ。

サンファーマーズは、ブランド管理を「お客様を裏切らないこと」にほかならないと考えている。品質管理・生産管理はもちろんのこと、トレーサビリティ、コンプライアンスもすべてブランド管理の一環と位置づけ、あらゆる角度から死角がないよう万全を期している。

アメーラのウェブサイトには、次のように書かれている。

「もっとおいしいアメーラへ研鑽を重ねます」

アメーラ・ブランドの命ともいえる「おいしさ」については、少しも妥協することなく追求し続け、栽培技術の開発と技術革新の手はゆるめないということだ。

大切なのは、消費者が感じる品質

次のような言葉を聞くことがある。

「よい品物をつくることにより、ブランドとして根づくものと考えている」
「いいものを提供すれば自然とブランド化します」

品質が良ければブランドができる。本当だろうか？
それは違う。品質が良いことは強いブランドになるための必要条件だが、品質が良いだけでは、強いブランドは生まれない。強いブランドになるためには、品質を超えた「何か」が必要だ。

今の日本には、品質が良い商品はたくさん存在している。だが、**品質が優れていても、売れていない商品も山のように存在**する。品質が優れているだけでは、強いブランドにはならない。モノづくりを超えた、ブランドづくりが求められるゆえんだ。

多くの分野で、製品の品質自体には大きな差がなくなってきているのが現実だろう。生産者が認識するほど、消費者は違いを認識していない分野も多い。

ここでポイントになるのが、売り手が認識する品質ではなく、買い手が感じる品質、すなわち**「知覚品質」**である。強いブランドをつくるためには、知覚品質を高めることが不可欠である。

知覚品質を高めるには、次のような要素も考慮することが大切だろう。

①品質の有形化

こだわりを伝えるために、こだわりのあるパッケージを利用するなど、知覚品質を高めるためには、品質を形にすることが重要である。品質の有形化については、次章で詳しく検討する。

②体験してもらう

体験も知覚品質を高める。たとえば、おいしい静岡茶を静岡の美しい茶畑で飲んでもらう。東京の試飲会場で静岡茶を飲んでもらうよりも、静岡の茶産地で飲むお茶のほうが格段においしく感じる。

③五感・情緒に訴える

消費者の五感に訴えると知覚品質は高まる。「理性」だけでなく、「感性」に訴えるということだ。ブランドに込められた「心」は人を動かし、知覚品質を高める。

④低価格ではない

低価格戦略をとると、安かろう悪かろうの心理メカニズムが働き、知覚品質を下げる懸念がある。強いブランドは、高い品質に見合う価格で販売されている。

⑤希少性

「ここしかない」（場所の限定）、「この時期しかない」（時間の限定）、「これだけしかない」（数量の限定）といった希少性は知覚品質を高める。

⑥オリジナリティ

平均的な商品よりも、個性、独自性のある商品のほうが知覚品質は高まる。

⑦物語性

そのブランドの歴史、生産の苦労や努力、途中の困難や失敗、ブランドにまつわるエピソードなどの物語は知覚品質を高める。

⑧社会的証明

論より証拠。個人的な主張よりも、受賞、公的認証制度といった社会的な証明のほうが説得力が強く、知覚品質を高める。「富士山」が「世界遺産・富士山」になることで、観光客が急増するのはこの理由だ。

売り手のモノサシと買い手のモノサシは同じではない

「自分がいいと思ったものがまったく売れないで、これは大したことはないと思ったものが、大ヒットになることがある」（ある企業の経営者）

売り手の認識する品質と、買い手が認識する品質は、必ずしも同じとは限らない。いや、両者のモノサシはむしろ一致しないことが多い。

興味深いデータを一つ紹介しよう。

表8－1は、ある農産物のコンテストにおける味の審査結果をみたものである。ここには、業界のプロフェッショナル2名の評価スコアと、このコンテストに審査員として参加した消費者2名の評価スコアの相関を示している。

この表から、きわめて興味深いことがわかる。

まず、プロ同士のスコアの相関が高いことである。プロのモノサシは共通性が高いということだ。

次は、消費者同士の相関が高いことである。消費者の品質評価は同じような傾向にあるということだ。

最も注目すべきは、**プロ（売り手）の評価と消費者（買い手）の評価には、まったく相関がない**ことである。すなわち、このケースでは、売り手のモノサシと買い手のモノサシは、同じ方向を向いておらず、「直交」している事実が明らかになった。

図で考えるとわかりやすい。直交しているということは、

表8-1　プロの評価と消費者の評価

	プロ1	プロ2	消費者1	消費者2
プロ1	–	0.51**	無相関	無相関
プロ2	0.51**	–	無相関	無相関
消費者1	無相関	無相関	–	0.49**
消費者2	無相関	無相関	0.49**	–

**相関係数が1%水準で有意

売り手のモノサシをX軸とすると、買い手のモノサシはY軸になる（図8－2参照）。売り手のモノサシ（横軸）で、評価をAからBに向上させたとしても、買い手の評価（縦軸）は変わらないことは、この図からも明らかだ。

売り手のモノサシだけでいくら勝負をしても、買い手の評価は高まらず、強いブランドは築けない。これまで、売り手のモノサシだけで、「品質をあげよう、あげよう」と努力してきた企業が多いのではないか。

では、こういった場合、どのように対応すべきか？

考えられるのは、次の三つの方向だ。

第一は、「買い手のモノサシを変えること」である。情報提供、教育などによって、買い手のモノサシを売り手のモノサシに近づけること。売り手のモノサシを、顧客に教え、消費者を変えるということだ。

第二は、「売り手のモノサシを変えること」である。売り手のモノサシを買い手のモノサシに近づける。つまり消費者に合わせて、企業が変わることである。

図8-2　買い手のモノサシと売り手のモノサシ

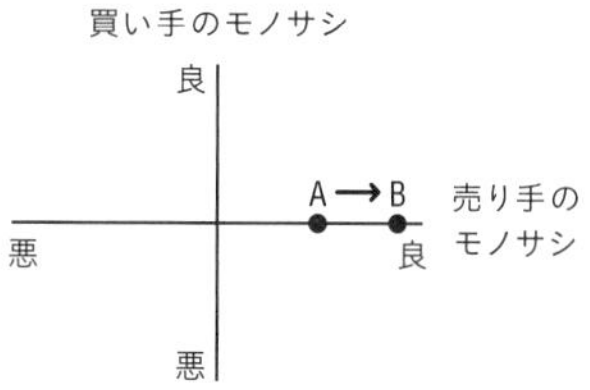

このような消費者視点は重要であるが、単に顧客の尺度に合わせすぎると自社の独自性が失われ、他社と似たようなブランドができあがってしまう可能性がある。そこは要注意だ。

第三は、「売り手と買い手でモノサシを共創すること」である（図8－3参照）。最も望ましいのは、この方向だろう。

売り手と買い手が、共同して新しい価値観をつくりあげていく。売り手は「ブランドのありたい姿」を買い手に投げかける。買い手はそれに対して反応する。売り手はその反応を受け止め、次の提案に活かす。

このような売り手と買い手とのキャッチボールによって軌道修正しながら、新しいモノサシを「共創」していくのである。これによって、売り手のこだわりと買い手のこだわり、双方が相互に融合し、独自性の高いブランドがつくられる。

図8-3　売り手と買い手の
キャッチボールによる価値の共創

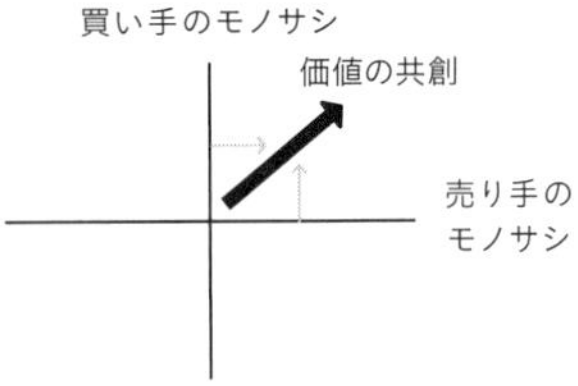

「弱み」を「強み」に変える

13という文字をみたとしよう。あなたは何と読むだろうか？　Aの次に13が並んでいれば、それはBと解釈される。12の後に13が来れば、13と解釈されるだろう。文脈によって解釈は変わるということだ。

強いブランドは、自らが優位に立てる文脈で勝負をする。逆風が吹いていたら、視点を180度変えて、逆方向に進む。すると、逆風が追い風に変わる。「脅威」は「機会」にも変化しうるということだ。

「弱み」と「強み」も、コインの裏表である。弱みは強みにもなるし、強みは弱みにもなる。

ブランドを強化するためには弱みを解消するのではなく、弱みも強みに変えるという、逆転の発想が必要だ。

たとえば以下のように、視点を変えることによって、「弱み」でさえも「強み」になりうる。

（ネガティブ）		（ポジティブ）
・生産量が少ない	→	希少な商品
・店が狭い	→	こだわりの商品だけで、売り場を満たすことができる。顧客と密度の高いコミュニケーションがとれる
・販売員が少ない	→	顧客との絆を深めやすい
・価格が高い	→	低価格にこだわらない、質の高い顧客を集めることができる。高級イメージを伝達しやすい
・この地域にしか店がない	→	地域に密着できる
・立地が悪い	→	周辺に競合店がいない。賃料が安い
・知名度が低い	→	知る人ぞ知る

具体的に、高糖度ミニトマト「アメーラ・ルビンズ」の事例から、弱みを強みに変えるとはどのようなことなのかをみていこう。

弱みを強みに変える【ケース1】

「トマト」と聞くと、あなたの頭にはどのような画像が浮かぶだろうか？　イメージしてほしい。

図8－4は、学生6人にトマトの絵を1、2分で描いてもらったものである。

6人の絵の共通点は何だろう？

一つは、星形のヘタがあること。もう一つは、ほぼ丸い形だということだ。日本人は、誰もが同じようなトマトをイメージする。形は丸く、ヘタがあるのは常識だろう。

「アメーラ・ルビンズ」は、直径1～2センチほどの小さな楕円形で、ヘタがない。その形状をみるとお菓子のジェリービーンズのようだ。

実は、アメーラ・ルビンズは、収穫時にヘタがとれやすい品種である。日本では、一般的にヘタのとれたトマトは、規格外品扱いとなる。

図8-4　学生が描いたトマトの絵

「ヘタがないトマトはタブー。市場の常識を無視している」

アメーラ・ルビンズに対する、当初の市場関係者の声である。では、商品にならないか？　そんなことはない。アメーラ・ルビンズは、欠点を逆手にとり、ヘタをとってしまった。

ヘタのないトマト「アメーラ・ルビンズ」

「ヘタがない」→「形が美しい」「ゴミが出ない」

「ヘタがないからゴミが出ない」「ヘタがないのでお弁当に使いやすい。形が縦長なので場所をとらずに入れやすい」「ヘタがないから、形状が美しい。輝くルビーのよう」「野菜のスイーツのトッピングに合う」……。

業界の**「常識」というのは、「多くの人がそう考えている」にすぎない。**「多くの人にとって好ましい」という意味ではない。

消費者は、本当にトマトにヘタがあることを求めているのだろうか？

ブランドづくりには、常識に流されない姿勢や、常識を疑う力が必要だ。常識の裏側に、新たなブランドを生み出すポジションが隠されているかもしれないのである。

弱みを強みに変える【ケース2】

もう一つ、例をあげよう。アメーラ・ルビンズの発売前、消費者調査を実施した（そのときは、アメーラ・ルビンズの名前もなかった）。発売前のリサーチで、消費者に実際に食べてもらったところ、「甘い、おいしい」「濃い、味がしっかりしている」という意見が多かったが、「皮がかたい」という評価も結構多くあった。

「おいしかったですが、皮がややかたい気がします」
「甘いが皮はかたい」
「皮がかたく、口に残る感じが気になります」

「皮がかたい」という表現は、マイナスのイメージだが、皮のかたさはトマトにとって本当に弱点だろうか？

たとえば、皮のかたさを「**歯ごたえがある**」という文脈に転換したらどうか？

日本人は歯ごたえが好きだ。「ポッキー」（ポキッ）、「ガリガリ君」（ガリガリ）、「ザクリッチ」（ザクザク）、「カリカリ梅」（カリッ）、「バリ勝男クン。」（バリッ。静岡発の商品！）。いずれも人気商品である。

「皮がかたい」↓「歯ごたえがある」

歯ごたえを訴求すれば、皮のかたさは武器になるはず。そこで、アメーラ・ルビンズは、次のようなキャッチコピーで販売をスタートした。


噛んだときの「パキッ」という弾んだ歯ごたえ。それは肉厚の食感。

歯ごたえのある皮の中に、リコピン、カリウム、ビタミン、ギャバなどの栄養が凝縮されています。

あまさが新しい。

歯ごたえが新しい。形が新しい。

トマトのおいしい世界がひろがります。

今や、次の消費者の声にあるように、「パキッ」とした歯ごたえが、ルビンズの売りの一つになっている。

「一粒が指先ほどの小ささでパキッとした食感。イチゴのように甘～い香りがします」

「皮に張りがあり、噛むと小気味よい歯ごたえが楽しめます」

「食感がぷちっとしていて、すごくおいしかったです」

「小～さく、通常より歯ごたえ抜群、甘みも抜群なトマトのアメーラ・ルビンズ」

以上、本章では、「強いブランドの土台として、高い品質が不可欠であること」「高い品質を消費者に伝え、それを知覚してもらうことが不可欠であること」を述べた。品質そのものは目にはみえないため、消費者に品質を伝達するためには、品質を有形化することが重要なポイントとなる。次の章では、この点について検討することにしよう。

CHAPTER9

目にみえないブランド価値を形にする

ブランドは、人の心の中にある。だから、目にはみえない。ブランドが「みえざる資産」といわれるゆえんだ。

「このブランドには、こだわりがある」「このブランドは、とてもおいしい」といっても、こだわりも、おいしさもみることはできないし、触れることもできない。形ある「モノ」と違って、みえざるブランドは消費者にとって不確実だということだ。人は目にみえないものに対して不安を感じる。

買い手の不安を解消し、ブランドの魅力を伝えるためには、ブランドのあるべき姿、すなわちブランド・アイデンティティを視覚化し、顧客に伝達していくことが大切になる。

そこで、本章では、いかにブランドの魅力を形にし、顧客に伝えていくのかについて検討することにしよう。

千語に勝る一枚の絵

視覚を通して、ブランドの価値を伝えることは、強いブランドをつくるために欠かせない条件である。ブランドの具体的な表現型は**「ブランド要素」**と呼ばれる。

消費者の視覚に訴える「ブランド要素」としては、たとえば、次のようなものがある。

パッケージ、ロゴ、シンボル、キャラクター、ネーム、字体、色彩、ウェブサイト、パンフレット、リーフレット、POP、プライスカード、店頭、看板、制服など

こういったブランド要素自体が、ブランドの理想の姿を顧客に伝えるコミュニケーション・メディアとなる。ブランド要素は、「ブランドづくりにおける無言のマーケター」ということだ。

ブランドづくりにおいて、視覚に訴えることがいかに重要かは、図9-1に示した経営者1000人調査の分析結果からも明らかである。外観、パッケージ、ロゴといった視覚的なブランド要素を重視

図9-1　ブランド要素の重視がブランド力に結びつく

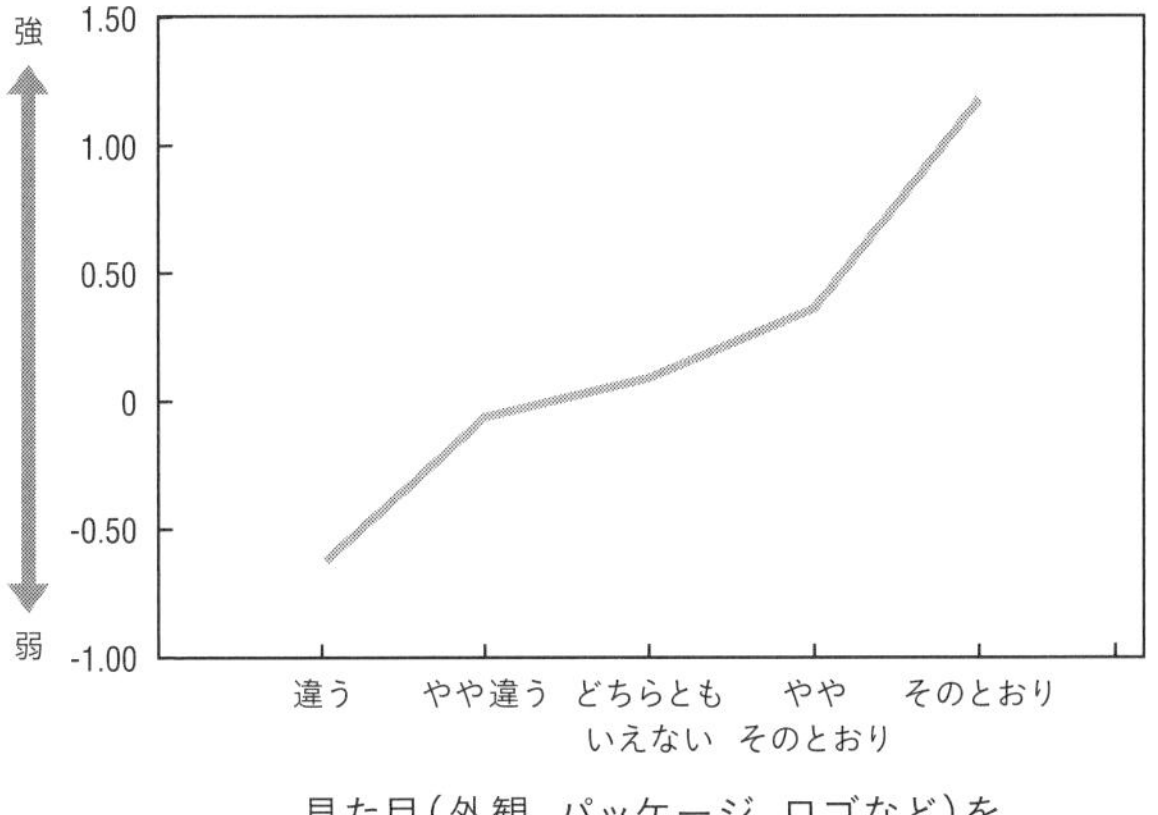

注）p値<0.001
出所）経営者1,000人調査

している企業ほど、そのブランド力は強い。
「アメーラ」のブランドづくりにおいても、品質とともに、パッケージやリーフレットなどの視覚的なブランド要素を非常に重視している。

消費者は、食べてからみるのではなく、みてから食べる。人は、目を通して「味わう」ということだ。これまでの研究でも、視覚が味覚に影響することが示されている。
「アメーラ」のパッケージ（箱）をみてみよう。白を背景色に「アメーラレッド」と呼ばれる赤でデザインされた箱は、それ自体が店頭に陳列されることも多い。野菜によくある茶色の段ボール箱とは一線を画している。箱買いするアメーラファンもいる。

アメーラのパッケージは、運搬をするためだけの箱ではなく、商品を保護するだけの箱でもない。ブランドづくりのためのメディアだ。箱代はコストではなく、ブランド構築のための投資でもある。

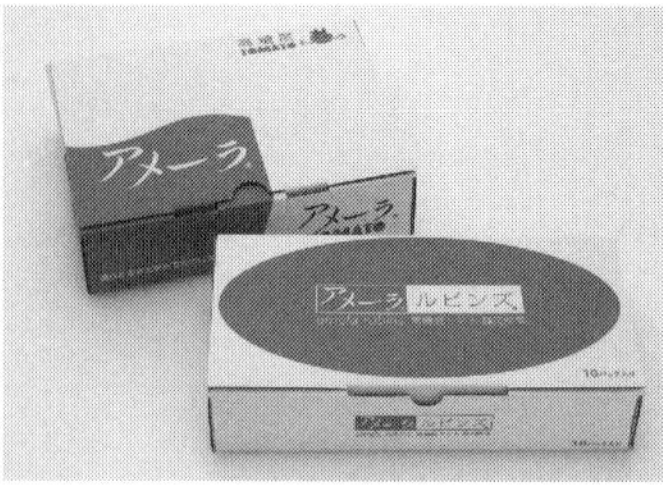

白をベースにアメーラレッドでデザインされた箱

ミニトマトの「アメーラ・ルビンズ」が入るのは、これまでのトマトの常識では考えられないプラスチックの透明カップである。カップの形状は、アメーラ・ルビンズの形と同じ楕円形だ。このパッケージに入るアメーラ・ルビンズは、美しいルビーの赤色が際立ち、おしゃれ感、プレミアム感を感じさせてくれる。

「お豆さんのような小さなトマトがあまりにかわいいので思わず買ってしまいました。洋菓子のようなパッケージに入っているので、キッチンに飾っておきたいくらい！」
「かわいい容器に、きれいなトマト。買っちゃいました。あまりの美しさに、ケーキにも使っちゃいました」
「パッケージがおいしそうだったので、〝ジャケ買い的〟に買ってみました」

アメーラ・ルビンズのパッケージに関する消費者の声だ。これまで、「ジャケ買い」をされるトマトがあっただろうか？　アメーラ・ルビンズは、農産物ではじめて、「２００７グッドデザインしずおか」を受賞している。

透明カップに入るアメーラ・ルビンズ

気になるブランドは、ウェブサイトで検索

ブランドの品質の手掛かりとして、ウェブサイトもきわめて重要である。ネット社会が進展した今日、消費者は、気になったブランドに出合うとインターネットで検索する。

表9－1の消費者1000人調査の結果をみてみよう。「気になるブランド・商品があって、インターネット検索したことがある」消費者は、なんと8割を超えている。

とくに、最初に目に入る**ウェブサイトのトップページは重要性が高い**。トップページのイメージが、ブランドの品質の手掛かりになる。ウェブサイトを検索したときに、画面に表示される視覚的なイメージがブランド・アイデンティティと調和していれば、消費者のブランドイメージは強化されるだろう。逆に、検索エンジンを利用してブラン

表9-1　消費者の8割が、気になるブランドをインターネットで検索

質問：気になるブランド・商品があって、インターネットで検索をしたことがある？

頻繁にある	22.4%	ほとんどない	15.4%
ときどきある	59.7%	まったくない	2.5%

出所）消費者1,000人調査

ド名を検索したときに、サイトがそもそも存在しなかったり、そのブランドをみつけることが困難であったり、消費者の有するブランドイメージに背く画面が出現すれば、消費者のブランドに対するイメージは悪化してしまう。

最近は、テレビをみながら、パソコンやスマートフォンを利用する消費者が増えている。「**ダブルスクリーン**」と呼ばれる視聴スタイルだ。気になるブランドがテレビなどで紹介されると、その場で検索することが可能だ。

事実、そのような行動をとる消費者は非常に多い。図9－2をみてほしい。アメーラが、あるテレビ番組で紹介された日の、アメーラのウェブサイトのアクセス数を示したものである。ここでは、その日の昼12時から夜23時までのアクセス数の推移を示している。このグラフからとても興味深いことがわかる。

図9-2　アメーラのウェブサイトへのアクセス状況

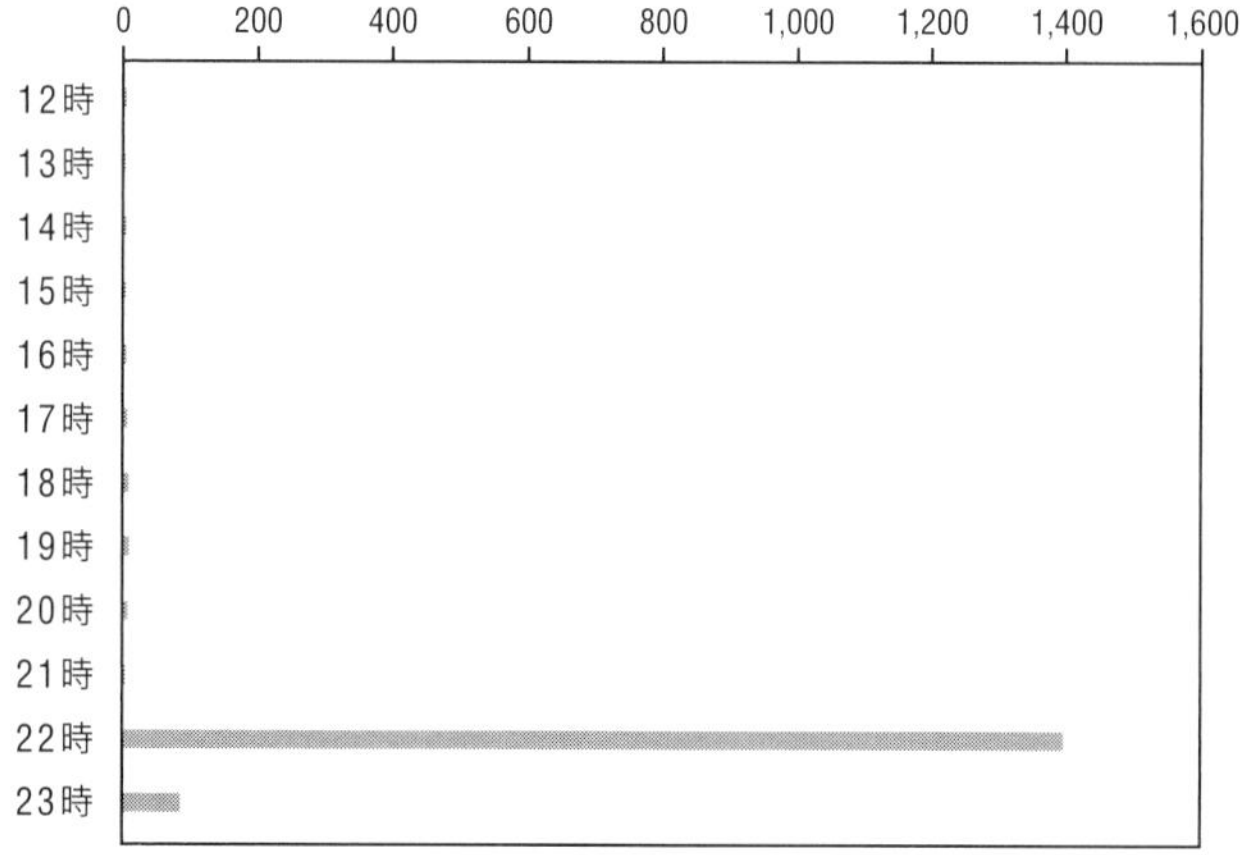

注)「嵐にしやがれ」(2011年5月14日)放映時のアクセス数

その番組の放映は22時。図から明らかなとおり、放映時間中にリアルタイムでアクセス数が急増している。

そう、消費者はテレビで注目するブランドをみつけると、すぐに検索するということだ。番組放映後の23時になると検索数は急減する。まさにテレビをみながら、ブランドのウェブサイトをチェックするというダブルスクリーン視聴が行われているのであろう。

ブランド要素にハーモニーがあるか？

次の二つの文字列のうち、どちらが印象に残るだろうか？

①「AAAAA」　②「ABCBA」

消費者1000人調査の結果は、次のとおりである。

「AAAAA」……81・0％

「ＡＢＣＢＡ」……19・0％

一貫してＡが続く文字列「ＡＡＡＡＡ」のほうが圧倒的に支持される。人は、一貫性にひかれるということだ。「ＡＢＣＢＡ」とバラバラなメッセージをいくら繰り返しても印象に残らない。Ａでいくと決めたら徹底的にＡでいく。

ブランド要素においても、**「一貫性」**は欠かせない条件である。あるときはＡ、あるときはＢ、またあるときはＣでは、顧客の心の中に明快なブランドイメージは形成されにくい。

一貫性とともに、ブランド要素において重要になるのは、**「ハーモニー」**である。ここでハーモニーとは、二つの意味がある。

一つは、**「ブランド・アイデンティティ」と「ブランド要素」のハーモニー**である。ブランド要素は、ブランド・アイデンティティを具体化したものである。たとえば、「和の心の追求」を理想の姿とするブランドが、洋風のリーフレットを利用していたのではハーモニーがない。伝統的なイメージを追求するブランドに、モダンなポスターも同様だ。

ブランドの理想の姿として「高級イメージ」を決めたのに、「ゆるキャラ」を利用したのでは、ハーモニーがないだろう。いくら世の中がゆるキャラブームになったといっても、何もかも「ゆるキャラ」ということはありえない。ルイ・ヴィトンが、ゆるキャラ「ヴィトン君」を生み出すようなことはありえないし、アップルが、ゆるキャラ「リンゴちゃん」を使うようなことも考えられないだろう。

もう一つのハーモニーは、**「ブランド要素間」のハーモニー**である。パッケージ、リーフレット、ウェブサイトなどのブランド要素の間には調和が必要だ。おしゃれなリーフレットをみて、あるブランドに関心を持った消費者がいるとしよう。ウェブサイトを検索して出てきたページが、あか抜けないデザインだったらどう思うだろうか。リーフレットと実際のパッケージがまったく違うイメージのデザインであったらどうだろう。それでは、明快なブランドイメージはできない。

ブランド要素間にハーモニーがあるかをチェックするために、良い方法がある。自社で利用しているブランド要素（パッケージ、リーフレット、ラベル、ポスター、ウェブサイトのトップページの写真、制服の写真、看板の写真など）をすべて床にならべ、上からじっくり眺めてみるとよい。

もしくは、すべてのブランド要素の写真を撮り、一枚のスライドにまとめ、プロジェクタでスクリーンに投影してみよう。

そのときに、**ブランド要素間に統一感はあるだろうか？**

もしバラバラだとすると、明確なブランドイメージを発信することは困難になる。ブランド要素を統一性のあるものに修正していくことが必要だ。

統一したイメージが形成できたのなら、そのイメージを一貫して消費者に伝えていく。強いブランドには、ハーモニーと一貫性が欠かせない（図9－3参照）。


ここで、「アメーラ・ルビンズ」の事例をみてみよう。アメーラのブランド戦略では、一つひとつの

図9-3　強いブランドにはハーモニーと一貫性がある

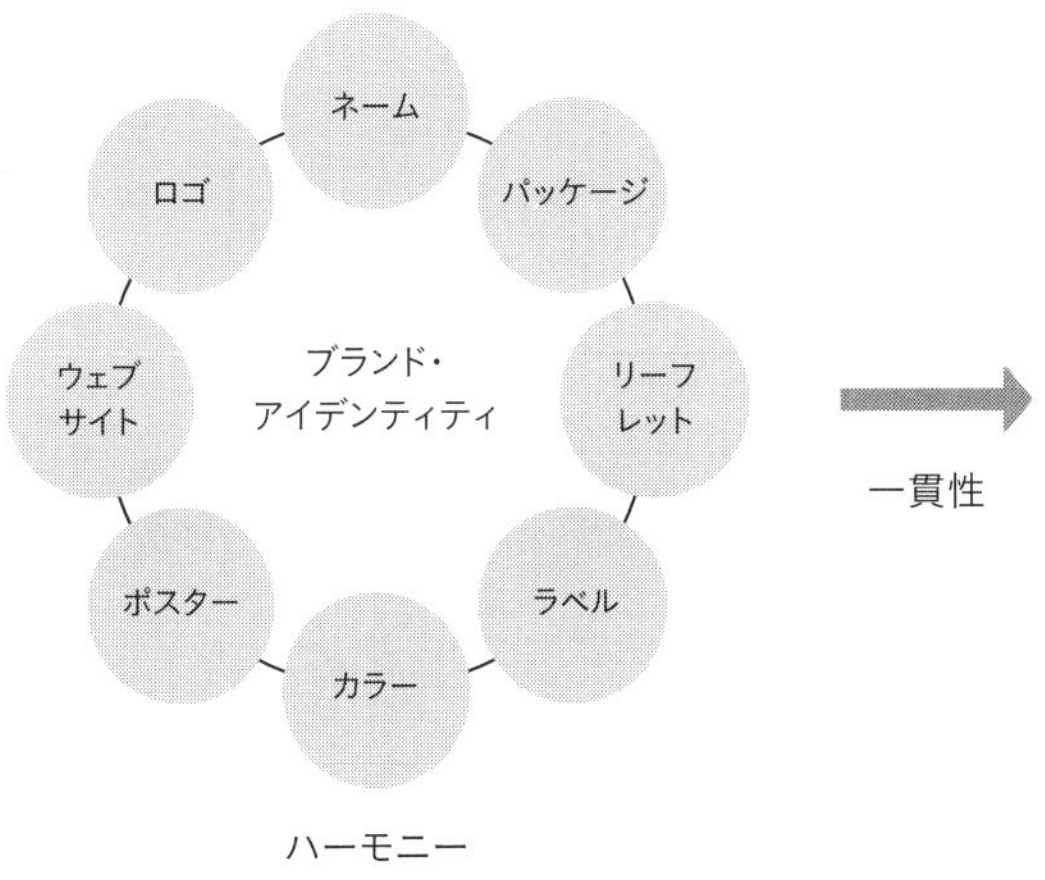

ブランド要素を大切にするとともに、ブランド要素間のハーモニーを重視している。

たとえば、新しくリーフレットやパッケージをつくる場合は、次の2点が重要なチェックポイントになっている。

①ブランド・アイデンティティとハーモニーがある

②既存のブランド要素との間にハーモニーがある

図9－4からも、アメーラ・ルビンズのリーフレット、パッケージ、ボックス、ラベルなどのブランド要素間にハーモニーがあることがわかるだろう。

強いブランドには、色がある

スターバックスと聞いて何色が思い浮かぶだろう

図9-4　ブランド要素の「ハーモニー」

か？　コカ・コーラといえば何色だろう？

おそらく、多くの人は、スターバックスといえば「緑色」を思い浮かべ、コカ・コーラといえば「赤色」を思い浮かべるはずだ。

色も重要なブランド要素の一つだ。強いブランドには、「色」がある。明快なブランドイメージをつくるためには、ブランドを特徴づける色を持つことが有効である。リーフレットやパンフレットをやたらにカラフルにする企業があるが、無秩序に色を使ってしまうとブランドの印象がぼやけてしまう。

イメージを明快にするためには、できるだけ使う色の数は抑えたほうがよい。ブランドのコンセプトが絞り込まれていれば、色も絞り込めるはずだ。

また、パンフレットなどの色を毎年のように変える企業があるが、それも望ましくない。色彩にも一貫性が必要である。

かつて、松下電器産業（現パナソニック）は、赤色のロゴの「ナショナル」、青色のロゴの「パナソニック」という二つのブランドを展開していた。だが、「赤」と「青」の二本立てでは、どうしても企業のイメージがぼやけてしまう。

今や、赤の「ナショナル」ブランドは消え、「松下電器」という歴史と伝統ある企業ブランドさえもなくなって、青の「パナソニック」一本で勝負している。

フォントには表情がある

色彩だけでなく、フォント・タイプ（字体）も重要なブランド要素であることを忘れてはならない。フォント・タイプによっても、消費者のブランドに対するイメージは変化する。

ここで、次の「字体」と「イメージ」を線で結んでほしい。あなたは、どれとどれを結びつけるだろうか？

字体　1　*amela*　2　**amela**　3　amela

イメージ　ア　真面目なアメーラ　イ　やんちゃなアメーラ

ウ　かわいいアメーラ

消費者1000人調査の結果は、次のとおりである。

回答者の59％が、「amela」と「かわいいアメーラ」を結びつけた。
回答者の62％が、「amela」と「真面目なアメーラ」を結びつけた。
回答者の79％が、「amela」と「やんちゃなアメーラ」を結びつけた。

フォント・タイプは、ブランドイメージを左右する力を持つことは明らかだ。たとえば、高級宝石のパンフレットを、ポップ体の文字で書いたら、高級感は伝わらないだろう。ブランド・アイデンティティと整合したフォント・タイプを利用することが大切である。

以上、本章では、「ブランド要素」の重要性についてみてきた。ブランド要素は、目にみえないブランド価値を顧客に伝えてくれる。次章では、ブランド要素の中でも、とくに重要性の高い「ネーミング」に焦点を当てて、その方向性を検討しよう。

CHAPTER10

良い名前、悪い名前

強いブランドをつくるために欠かすことのできない条件。それは良いブランド名である。

ブランド名は、聴覚にも、視覚にも影響を与えるブランド要素である。名前がブランドイメージに与える影響はきわめて大きい。

では、どのような名前が良いブランド名なのか？

どのような名前が悪いブランド名なのか？

この章では、良いブランド名の条件やブランド名を考えるうえで、大切にすべきことについてみていくことにしよう。

シンプル・覚えやすい

あなたは、次のA、Bのいずれの名前にひかれるだろうか？

①　A　東京通信工業　　B　SONY

②　A　ユニーク・クロージング・ウエアハウス　　B　ユニクロ

③　A　ヤマト・パーセル・サービス　　B　宅急便

大部分の人は、Bと答えるはずだ。

実は、AはBの旧社名、旧店舗名、最初の候補名である。もしAのままであったら、いずれのブランドも、今のようなビッグブランドになることができただろうか?

強いブランド名はシンプルで、覚えやすい。このことは、データからも明らかである(図10－1参照)。覚えやすいネーミングの商品ほど、ブランド力は強い。

既述の「SONY」「ユニクロ」「宅急便」はどれもシンプルで覚えやすい。

ちなみに、ゆるキャラでも、人気のキャラクターは、「ひこにゃん」「くまモン」などシンプルで、覚えやすい名前だ。長い名前のキャラクターや、漢字がならぶ名前のキャラクターは人気者にはなりにくい。

図10-1　ネーミングが覚えやすいほど、ブランド力は強い

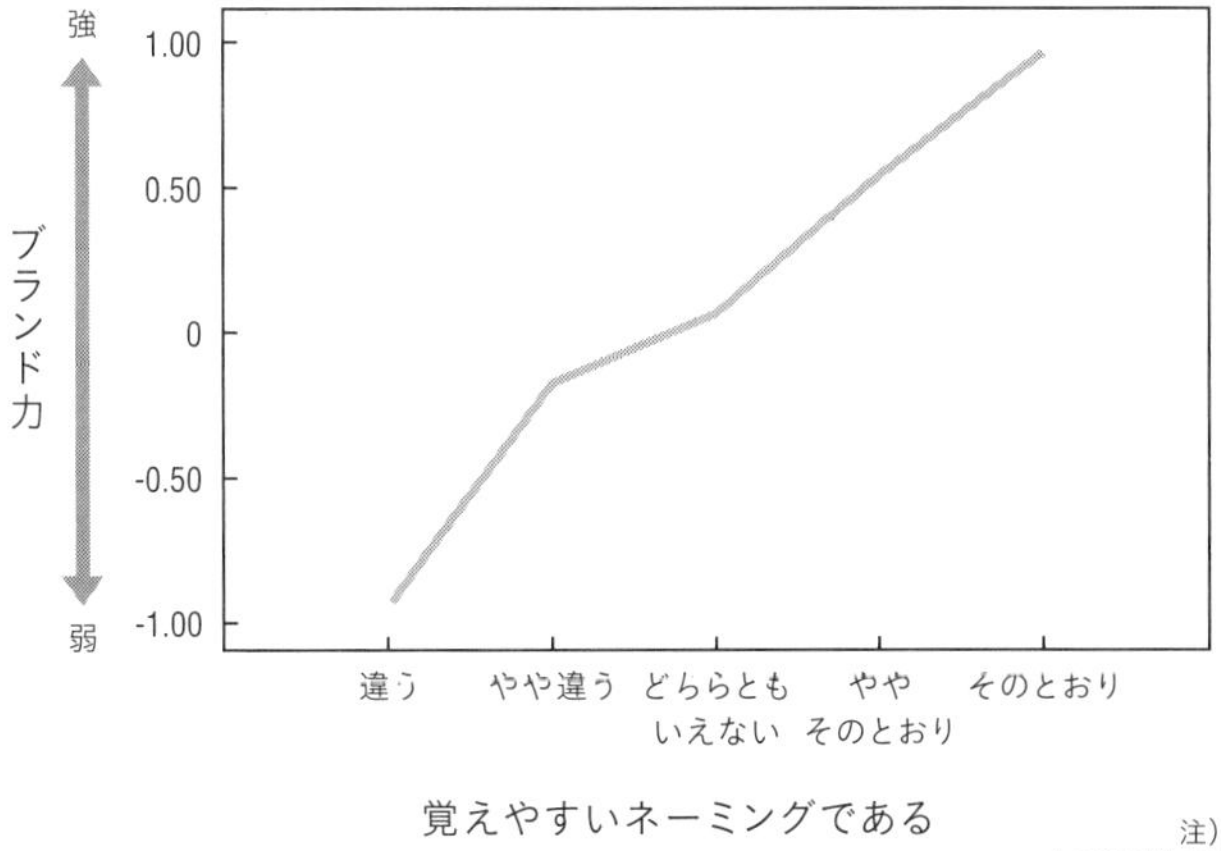

注)p値<0.001
出所)経営者1,000人調査

独自性・固有名詞

下記のA、Bのどちらが良いブランド名だろうか？

① A　スタートマト　　B　アメーラ
② A　スターイチゴ　　B　あまおう
③ A　スターコーヒー　B　スターバックス

実は、アメーラは、発売前に一度「スタートマト」というブランド名に決定していた。

もし、アメーラという名前でなく、スタートマトのまま発売されていたら、今のようなブランドを築くことができただろうか？　厳しかったかもしれない。

「スター」＋「トマト」といった普通名詞の組み合わせは、良いブランド名になりにくい。なぜなら、独自性が表現で

図10-2　スタートマトの検索結果は、475万件

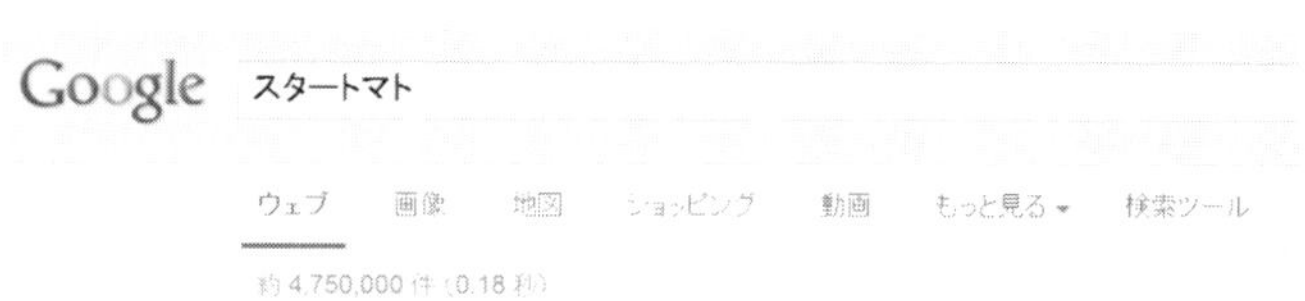

注）2013年6月17日検索

きず、他の似たような名前に埋もれてしまいやすいからだ。

　ためしに、「スタートマト」という言葉をグーグルで検索してみよう。検索結果には、なんと475万件も表示される（図10－2参照）。

　普通名詞を組み合わせただけの商品名や、すでに辞書に掲載されている言葉を利用した商品名は、言葉のジャングルに埋もれやすく、強力なブランドにはなりにくい。辞書にある言葉であれば、まったく関係のない商品・サービスに利用すべきである（たとえば、アマゾン）。

　図10－3をみてほしい。個性的なネーミングの商品ほど、ブランド力が高いことはデータからも明らかだ。

　「スターバックス」「あまおう」「アメーラ」は、す

図10-3　個性的なネーミングほど、ブランド力は強い

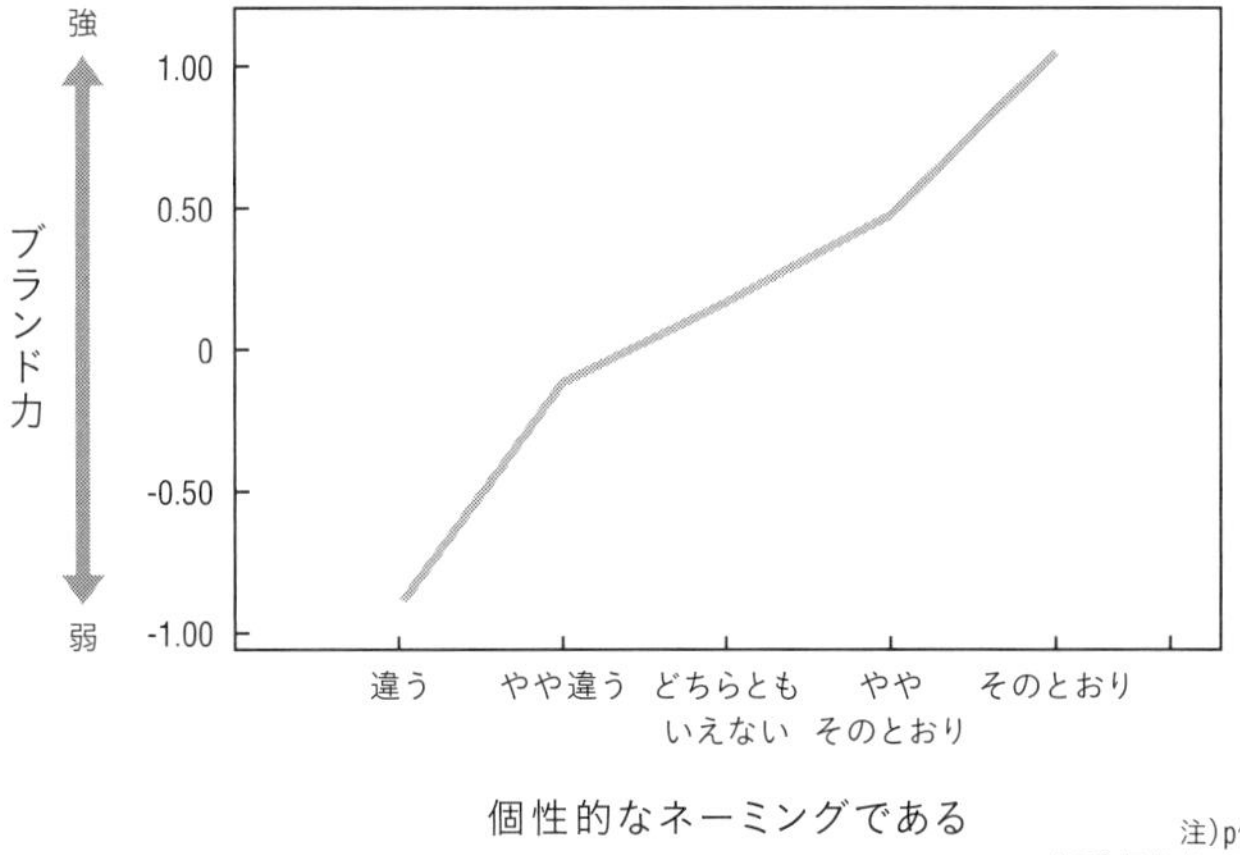

注）p値<0.001
出所）経営者1,000人調査

べて造語の固有名詞であり、独自性を持ち、個性がある。固有名詞ゆえ、検索結果に上位表示されるのは当該ブランドだけである。

「アメーラと呼べるのはアメーラだけ」

これはサンファーマーズが以前利用していたコピーだ。強いブランドの名前には独自性がある。

「スターバックスと呼べるのはスターバックスだけ」「あまおうと呼べるのはあまおうだけ」なのである。

発音しやすい・聞きやすい

突然だが、ここで、「イル・ジョルナーレ」と声を出して、3回繰り返してほしい。

「イル・ジョルナーレ」「イル・ジョルナーレ」「イル・ジョルナーレ」

うまくいえただろうか？　難しかったのではないだろうか。

スターバックスの創業者ハワード・シュルツが、最初にはじめたコーヒー・ショップの名は「イル・ジョルナーレ」（Il Giornale）。今日のスターバックスの原型だ。ハワード・シュルツの著書『スターバックス成功物語』に下記のような記述がある。

「イル・ジョルナーレ？　言いにくい名前だな」。

スターバックスという名前には魔法のような力が秘められている。好奇心を駆り立てる名前だ。

——ハワード・シュルツ、ドリー・ジョーンズ・ヤング　小幡照雄、大川修二訳『スターバックス成功物語』日経BP社

ブランド名は、多くの場合、音によって伝達される。いいにくい名前や聞き取りにくい名前は強いブランドにはなりにくい。「イル・ジョルナーレ」というブランド名のままであったら、今のスターバックスの繁栄はなかったかもしれない。

N・J・ゴールドスタインらは、著作『影響力の武器 実践編』（誠信書房）の中で、人間は、発音しやすい言葉や名前に対して愛着を抱く傾向があり、品質に違いがな

ければ、読みやすい、発音しやすい名前であるほど好感を持つ、と述べている。

また、グローバル時代の今日は、日本人だけでなく、**外国人にとっても発音しやすく、聞き取りやすいネーミングにすることが大切**である。

検索しやすい・入力しやすい

前章で述べたとおり、今日、消費者の8割は、気になるブランドや商品があると、まずインターネットで検索をしている。検索されやすい名前をつけることは、ブランドづくりの重要なポイントになっている。

たしかに、インターネットで検索したときに上位に表示される商品と、そのブランド力には強い正の相関関係がある（図10－4参照）。

インターネットで検索されやすくするための条件としては、
①同じ名前が他になく、検索結果をみつけやすい
②同音異義語がない
③キーボードで入力しやすい（たとえば、キータッチ数が少ない）
などをあげることができる。

たとえば、イチゴのトップブランド「あまおう」のネーミングは秀逸だ。固有名詞のため、識別性が高いことに加え、ローマ字入力で、A・M・A・O・U。わずか5タッチ。ひらがな、かつ4文字中3文字が母音であり、とても入力しやすい。「アメーラ」も識別性が高く、かつ、入力しやすい名前といえるだろう。

同じ名前が他にもあると、検索されにくい。たとえば、「鈴木」という名前は、同姓が多く、識別性が非常に低い。「鈴木一朗」とすると識別性が若干高まるが、まだ検索しづらい。「イチロー」にすると識別性は大きく高まり、強いブランドになりうる名前になる。

鈴木（識別性×）→鈴木一朗（識別性△）→
イチロー（識別性○）

図10-4 インターネット検索で上位表示される商品のブランド力は強い

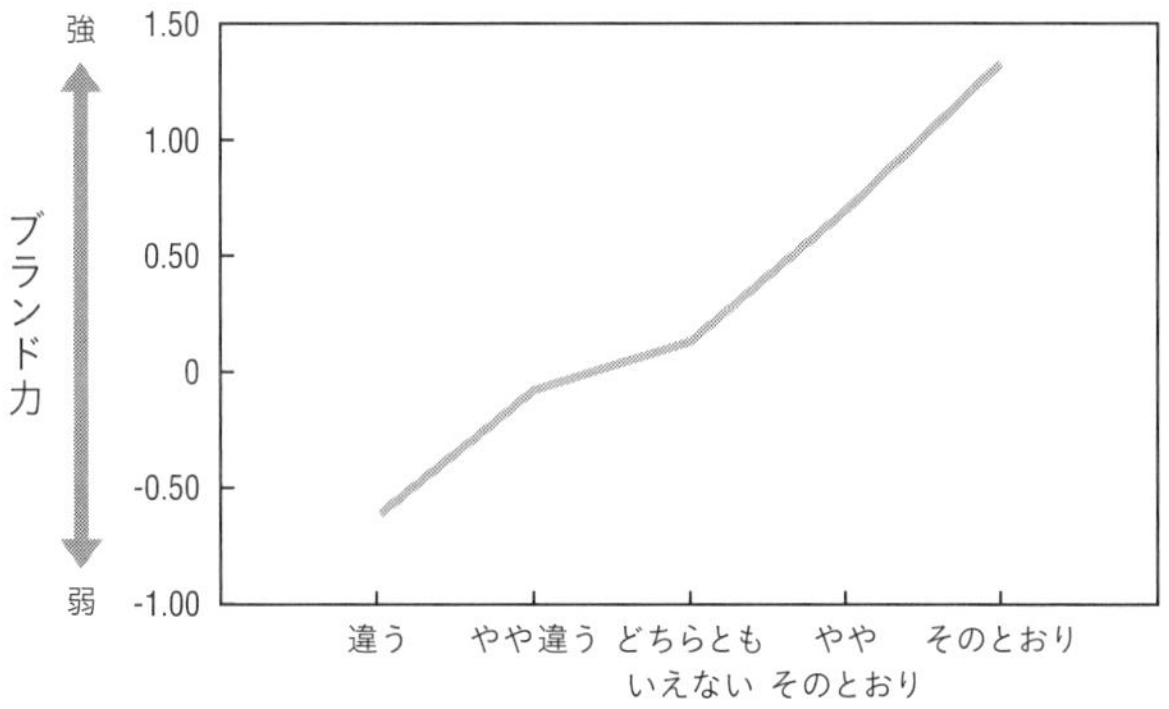

注）p値<0.001
出所）経営者1,000人調査

音感が良い

A、Bの二つの花がある。あなたは、どちらの花にひかれるだろうか？

①　A　シソ　　B　ラベンダー
②　A　ヘレボラス　　B　クリスマスローズ
③　A　テッセン　　B　クレマチス
④　A　ショウジョウボク　　B　ポインセチア

消費者1000人調査の結果は次のとおりだ。

①シソ……………23・2％　　ラベンダー…………76・8％
②ヘレボラス………6・5％　　クリスマスローズ……93・5％
③テッセン…………32・5％　　クレマチス…………67・5％
④ショウジョウボク……12・2％　　ポインセチア………87・8％

圧倒的に多くの消費者は、Bを選択する。多くの人に選ばれたということは、マーケティングが成功したのはBということである。Aに比べBのほうが、音感が良く、おしゃれな感じがするからだろう。

実は、AとBは同種の花だ。

ラベンダーはシソ科の多年草。クリスマスローズはヘレボラスの別称。テッセンとクレマチスは同じ花。ポインセチアの和名はショウジョウボクである。

売り上げに伸び悩む「ヘレボラス」が、「クリスマスローズ」と名前を変えた途端、売り上げが大きく増加する。こういったことが実際に起こる。

ブランド名を決める前には、何度も発音してみて、その音感をぜひチェックしてほしい。**名前は人の行動を変える力を持つ**のである。

アメーラという名前も、その響きには魅力がある。もともとアメーラは、静岡弁の「甘いでしょ」が由来であるが、アメーラと聞くと、イタリアを思い浮かべる人も多い。

「イタリアっぽい」「イタリアを想像させる」「イタリア語みたい」
「とってもハイカラな名前……イタリアンっぽい。何だろう?」

だが、同じ静岡弁であっても、たとえば、「ウメーラ」「アメーズラ」だとすると、どうだろうか? 左の数字は、消費者1000人調査の結果である。

おそらく、音感やイメージが、あまり良くないからだろう。

どのネーミングがいいと思いますか?

アメーラ……64・5%
アメーナ……25・3%
ウメーラ……7・2%
アメーズラ……3・0%

読みやすい・書きやすい

「大和運輸」という企業を知っているだろうか?

首をかしげる人もいるかもしれない。実は、これは宅配便のトップブランドの「ヤマト運輸」の旧社名だ。

漢字で〝大和〟と書いてあると、ダイワ？　ヤマト？　どちらかわからない。「大和運輸」を「ヤマト運輸」に変えたのは、ヤマト運輸の「宅急便」のブランド成功にとって、非常に重要な選択であった。ヤマト運輸の「宅急便」の生みの親の小倉昌男は、著書に次のように記している。

商品で大事なのは、ネーミングである。ネーミングは、商品の売れ行きを左右するほど重要なものである。

――小倉昌男『小倉昌男　経営学』日経ＢＰ社

正しく読まれない名前は、覚えにくく、口コミにのりにくい。ブランドとして定着するには大きなハンディを負ってしまう。

新しく名前をつけるときには、漢字で読みにくい名前をつけることは避けたほうがよい。既存の名称で、読みにくい場合は、ひらがなやカタカナ表示に変更することを考えたほうがよいかもしれない。アルファベットの表記も同様である。読み方のわかりにくい英語表記も避けるべきだ。

たとえば、次の三つのブランドはどのように読むだろうか?

「赤糖房」「本山茶」「岬さば」

答えは、「あかとんぼ」「ほんやまちゃ」「はなさば」である。三つとも正しく読めた人は、どれだけいるだろうか?

「赤糖房」はトマト、「本山茶」は緑茶、「岬さば」はサバのブランド名だ。いずれも、とてもおいしく、お薦めの商品である。だが、多くの人は正しく読めない。音を聞いただけでは書くことができないし、パソコン入力時の漢字変換も難しい。

ちなみに、消費者500人に「本山茶」の読み方を聞いてみた結果は、以下のとおりだ(注)。

「もとやまちゃ」と読んだ人……77・2%(不正解)
「ほんざんちゃ」と読んだ人……10・2%(不正解)

「ほんやまちゃ」と読めた人……9・6％（正解）

本山茶は、静岡市の安倍川と藁科川の上流一帯、朝晩に川霧のかかる寒暖の差の大きい山間地の茶園で栽培される、上質な緑茶である。静岡県内の茶産地の中で最も古い歴史を持つ。かつて、江戸幕府にも御用茶として献上され、徳川家康も愛したお茶だ。本山茶は、静岡を代表する本格的な、本物の味わいの緑茶である。

ぜひ覚えてほしい。「本山茶 ＝ ほんやまちゃ」だ。

意味を暗示

何らかの意味を「暗示」するブランド名は、記憶されやすく、話題になりやすい。

「アメーラ」は、「甘いでしょ」と親しみを込めていう静岡の言葉「あめ〜ら」が由来であるが、この名前には「甘い」という意味が暗示されている。また、アメーラのイタリア語のような響きからは、おしゃれなイメージを感じさせる。

表10－1は、消費者1000人に「アメーラ」という名前を聞いたときのイメージを聞いたものであるが、たしかに「甘い」が最も多く、「イタリア」をイメージする

人もいる。

「アメーラ・ルビンズ」という名前にも、「ルビー」（ルビーのような赤い輝き）と「ビーンズ」（ジェリービーンズのような形状）という商品の特徴を示す言葉が暗示されている。

前述のイチゴのトップ・ブランドの「あまおう」は、この点でも、素晴らしいネーミングだ。「あかい」「まるい」「おおきい」「うまい」の頭文字をとって「あまおう」と名づけられているが、〝甘さの王様〟といった響きもある。

ここで強調したいことは、ブランドの特徴は名前の中に**明示するのではなく、暗示するほうがよい**ということだ。「明示」すると、特徴のない、ありきたりな名前になる懸念がある。

たとえば、甘いトマトなので、ストレートに「スイート・トマト」、甘いイチゴなので「スイート・ベリー」、高級イメージにしたいので「プレミアム……」、こだわりが

表10-1 「アメーラ」という名前を聞いて、どのようなイメージを思い浮かべますか

順位	キーワード	出現頻度
1	甘い	495
2	おいしそう	50
3	イタリア	49
4	糖度が高い	47
5	フルーツ・果物	40

出所）消費者1000人調査

あるので「こだわり……」といった明示的なネーミングにすると、独自性が乏しく、ありがちの名前になってしまう。繰り返すが、強いブランドには、「違い」が必要だ。ブランドの売りはストレートに語るよりも、それとなく暗示し、感じてもらうことがポイントである。

利用シーンに適合

この条件は、忘れがちだが、とても重要である。ブランド名を考えるときに、商品そのものに意識が集中してしまう傾向があるが、それは危険だ。商品だけでなく、商品が利用されているシーンを具体的にイメージして、その**シーンにフィットする名前**をつけることが大切である。

たとえば野菜だったら、レストランのメニューに使いやすい名前、メニューに載せたときに魅力的な名前、加工食品のネーミングに使いたくなるような名前である。トマトであれば、ブランド名の後ろに「サラダ」や「パスタ」という言葉を加えてみよう。そのときのイメージはどうかを考える。レストランのシェフがメニューに載せたくなる名前だろうか？

トマト：○○のサラダ、○○のパスタ

イチゴであれば、「スイーツ」「ケーキ」「ソフトクリーム」という言葉をブランド名に加えてみる。そのときのイメージはどうかを考えるのである。

イチゴ：○○のスイーツ、○○のタルト、○○のソフトクリーム

「アメーラのサラダ」「アメーラのパスタ」は、たしかにおいしそうだ。「あまおうのタルト」「あまおうのソフトクリーム」も食べたい気持ちを喚起させる。

たとえば、真っ赤で甘いトマトなので、「赤いキャンディー」と名づけたとしよう。

「赤いキャンディーのパスタ」「赤いキャンディーのサラダ」

おいしそうに感じるだろうか？

アメーラの産地の一つ、軽井沢のレストランでは、「アメーラトマトの……」とい

うメニューによく出合う。メニューに利用しやすい名前であれば、レストラン経由でのブランドの広がりも期待できる。

保護可能性

ブランドが強くなればなるほど、真似される可能性も高くなる。ブランド価値とブランド侵害可能性は比例する（図10－5参照）。

商標登録をせずに販売をスタートしたり、既存の商標の確認をせずに販売を展開すると、後日、そのブランド名が利用できなくなるといったことも起こりうる。せっかく定着したブランド名の変更を余儀なくされる。これは、ブランドづくりにとって大きな損失だ。ブランドづくりにおいて、ブランド名の商標登録は不可欠である。

アメーラもルビンズも商標権によって、他人による使用を法的に制約している。商標権はトマトや野菜だけでなく、加工野菜、菓子、ピザ、飲料用野菜ジュースなどの区分で

図10-5 ブランド価値と侵害可能性は比例する

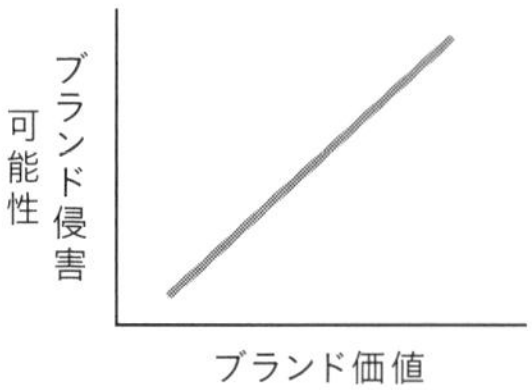

も取得しているため、二次加工品分野においても、アメーラ・ブランドを活用した展開が可能になっている。社外ブレーンには弁理士、弁護士も加わり、知的財産の保護には力を入れている。商標の不正使用に対しては迅速な対応を行い、アメーラ・ブランドを守る体制を整えている。

名前は、ブランドづくりにおける最強の武器であり、財産なのである。

［注］この調査は、筆者が静岡本山茶研究会と連携して、2008年に実施したウェブ調査の結果である。調査対象は、1都3県（東京都、神奈川県、千葉県、埼玉県）に居住する20〜60代の消費者500名。

CHAPTER11

誰のためのブランドか？

消費者が個性化し、マーケットが多様化する今日、すべての人をターゲットにしては、強いブランドをつくることは困難だ。強いブランドをつくるためには、ターゲットを絞ることが必要である。

本章では、ブランドを構築するにあたって、どのようにターゲットを設定すればよいのかについて検討しよう。

買いたい人をターゲットとする

従来、企業は、性別・年齢・世代・所得・職業などの人口統計的な基準や社会経済的な基準でマーケットを細分化することが多かった。だが、今日、このような基準ではうまくいかないケースが増えている。

今の時代は、たとえば同じ「20代の女性」といっても、食にこだわり、ファストフードに距離を置く人もいれば、簡便性にこだわりファストフードを好む人もいる。同じ年代・性別でも、ファッションよりもグルメを重視する「花より団子」的な人もいれば、グルメよりもファッションに重きを置く「団子より花」的な人もいる。

「最近の大学生」と一言でいっても、消費に積極的な学生もいれば、消費に消極的な学生もいる。コーヒー好きの学生もいれば、緑茶好きの学生もいる。

一方で、20代の女性と50代の女性が、年代は違うが同じような消費スタイルであることもある。

ここで提案するのは、「このブランドのターゲットは、20代女性」といった年代や性別によるターゲット顧客の識別ではなく、**そのブランドへの関心度や、そのブランドへの共感度を基準としたターゲットの定義**である。

つまり、企業が売りたい人をターゲットとするのではなく、そのブランドが提供できる価値観に共感する人をターゲットとする。そのブランドを応援してくれる人たち、そのブランドを買いたいと思う人に語りかけるのである。

「売りたい人ではなくて、買いたい人をターゲットとする?」

「どういうこと?」

こんな声が聞こえてきそうだ。少しイメージしにくいかもしれない。

では、誰もが知るビッグブランドであるマクドナルドの例をあげて説明しよう。

マクドナルドでサラダマックが消えたわけ

「私もリサーチだけで商品計画を立てるな、と言っています。例えばお客様にどんな商品が必要かと聞くと、オーガニック、ダイエット、ローカロリーなどのメニューが並びます。でもサラダを出しても売れず、(大型ハンバーガーの)クォーターパウンダーを出すと、若い人たちがダブルで食べています(笑)」

——日本マクドナルド原田泳幸社長、日経MJ 2011年9月9日

事実、マクドナルドのサラダマックはうまくいかなかった。たしかに、マクドナルドが「売りたい」と考えていた若い女性のニーズをリサーチすると、ヘルシー志向であり、オーガニック商品、ダイエット商品へのニーズが強い。では、なぜ、うまくいかなかったのだろうか?

ここで視点を変えてみよう。

マクドナルドが「売りたい人」ではなく、マクドナルドで「買いたい人」は、いっ

たいどのような志向を持つのだろうか？

消費者1000人調査のデータを用いて、**マクドナルドで買いたい人の特性**を分析してみた。結果は以下のとおりである（注）。

マクドナルドにひかれる人たちの特性として、以下の①〜⑤が抽出された。

①食のボリューム・こってり志向が強い人
②ブランド志向が強い人
③低価格志向が強い人
④ネット買い物志向が強い人
⑤リピート志向が強い人

そして、

食の健康志向が強い人ほど、マクドナルドにひかれないという結果も出た。

これらの特性をみると、なぜボリュームたっぷりの「クォーターパウンダー」が売れるのか、なぜ「ネットを利用した電子クーポン」が成功するのか、なぜ低価格が魅力の「100円マック」が支持されたのか、がよくわかる。ヘルシー志向に訴求した「サラダマック」がうまくいかなかった理由も理解できる。

「売りたい人」ではなく、「買いたい人」をターゲットにする。すなわち、そのブランドに共感する消費者の特性を把握し、その人たちの特性に適合したマーケティングを展開する。そうすれば、消費者のほうからそのブランドを選んでくれる。そう、顧客が向こうからやってきてくれるということだ。


マクドナルドと同じように、「アメーラ」にひかれる人たちの特性を統計的に探ってみた。

その結果、抽出されたのは、以下の四つの特性である。

①食通の人ほど、アメーラにひかれる
②健康志向、食の安全志向が高い人ほど、アメーラにひかれる

③食のブランド志向、品質志向が高い人ほど、アメーラにひかれる
④低価格・簡便性志向が低い人ほど、アメーラにひかれる

アメーラトマトのターゲットは、まさにこのような特性を持つ人たちである。これらの特性は、アメーラのブランド・アイデンティティである「最高品質の高糖度トマトで、おいしさの感動をお届けします」にフィットしている。売り手の思いと買い手の思いが同じベクトルにあるということだ。

顧客は誰か？

ブランドの顧客は、最終消費者だけではない。そのブランドを利用してくれる企業や、そのブランドを販売してくれる流通業者も重要な顧客である。いかに優れた商品でも、その商品が顧客に届かなければ、ブランドにはなりえない。

たとえば、トマトの生産者にとっては、以下の三つの顧客基盤がある（図11－1）。

①商品を食べてくれる消費者

②商品を販売してくれる流通業者（卸売業者、小売業者など）
③商品を利用してくれる業者（レストラン、ホテルなど）

消費者には、**「買いたくなる商品」**を提供する必要がある。そのためには、ブランド力、おいしさ、安全性を高めることがポイントになる。

流通業者には、**「売りたくなる商品」**を提供することが大切だ。そのためには、ブランド力、物語性、安定供給、周年出荷（季節に関係ない年間を通した出荷）、安全性の高さ、安定した品質、日持ちの良さなどが重要である。

流通業者が重視する要素は、消費者のそれと一致するものもあれば、そうでない要素もある。とくに年間を通した安定的な出荷は、流通業者が重視するポイントだ。そのため、サンファーマーズは、栽培ハウスを４区に分割し、そ

図11-1　アメーラトマトの顧客基盤

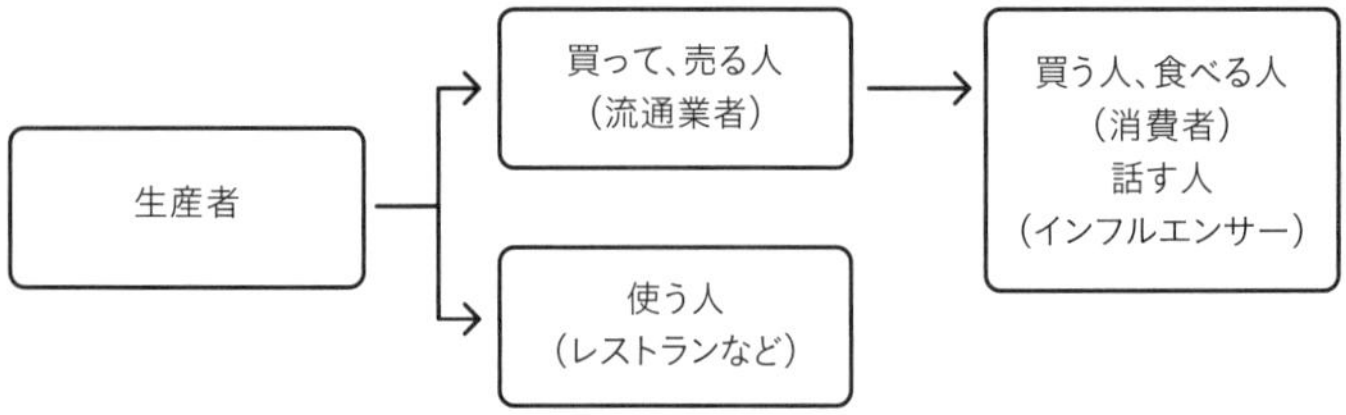

れぞれ3回転の生産(4区×3回転=12回転)を行うことで、高糖度トマト初の周年出荷を実現している。また、「暖地」(静岡県内)、「高冷地」(長野県軽井沢)の適地適作で、一年を通し安定供給ができる体制を築いている。

商品を利用してくれる飲食業者などには、「**使いたくなる商品**」を提案することが重要になる。そうすれば、飲食店経由のブランドの広がりも期待できる。そのためには、ブランド力、おいしさ、安全性の高さはもちろんのこと、安定した品質、利用しやすい価格設定、他の商品との明確な違い、生産者のこだわりの伝達、メニューに載せたくなるネーミングなども大切になるだろう。

このような発想は、トマトのブランドだけでなく、どのような商品にも当てはまるはずだ。

「買いたくなる」「売りたくなる」「使いたくなる」。この三つの要素をそなえているのが、強いブランドである。

[注] ステップワイズ回帰分析で、5%水準で有意な独立変数を抽出した。具体的には、「マクドナルドの利用意向」(5ポイントスケール)を従属変数とし、食に関するライフスタイルの因子分析で抽出された因子のスコアを独立変数とした。

CHAPTER12

広告に頼らないブランドづくり

「豊富な広告予算なしに、強いブランドをつくることは不可能だ」

このような意見を聞くことがあるが、本当にそうだろうか。たくさんの広告予算があっても、戦略がないまま場当たり的に広告宣伝を繰り返し、多額の資金を使い果たしてしまう企業も少なくない。ブランドを構築するためには、必ずしもテレビCMなど多額の費用をかけた広告宣伝を行う必要はない。

スターバックスのテレビCMをみたことはあるだろうか？
松阪牛のCMをみたことがあるだろうか？
富士宮焼きそばのCMは？

スターバックスの成功は、全国的なブランドを確立するために広告宣伝費に何百万ドルもかける必要がないことを証明している。

本書で紹介する「アメーラ」も、売上高に占める広告宣伝費率はわずか0・01％ほどだ。マスメディアを利用した広告に至ってはゼロである。

日本の企業数の99・7％は中小企業。テレビCMができるような広告宣伝予算を持たない企業が大部分だ。

では、広告宣伝予算に乏しい企業が、いかにブランドの価値を消費者に伝えていくのか？

本章ではこの点について検討していくことにしよう。

口コミ戦略

ブランドづくりにおいて、最も重要なメディアは何だろう？

テレビ、ラジオ、新聞、雑誌といったマスメディアだろうか？　それともインターネットか？

おそらく、それは「人」だろう。図12－1に示すとおり、口コミが発生しやすい商品ほど、ブランド力が強い。強いブランドには、そのこだわり、独自性、専門性、物語性など、人がしゃべりたくなるよ

図12-1　口コミが発生しやすい商品ほど、ブランド力は強い

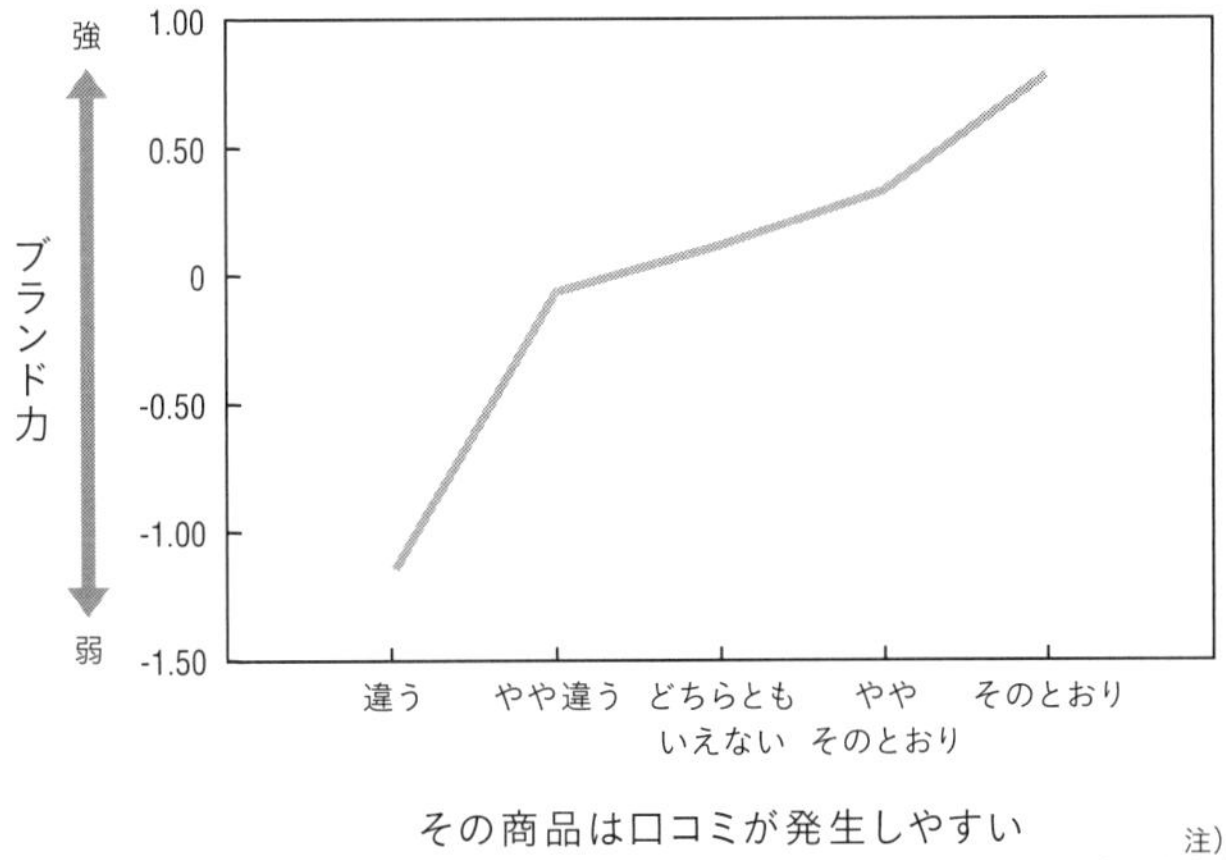

注）p値<0.001
出所）経営者1,000人調査

うな要素がある。

口コミは無料。広告予算に乏しい中小企業にとって、ブランド価値を伝える最高のコミュニケーション手段となる。ターゲット顧客の心に響く強いブランドになれば、**顧客が顧客を生み出す口コミのメカニズムが作用する**ことが期待できる。

スタバ好きの周りには、スタバ好きが多い

ブランドが、口伝えのコミュニケーション、すなわち口コミで広がっていくとすれば、あるブランドが好きな人の周りには、そのブランドを好きな人が多くいるはずだ。

本当にそうだろうか？

この点について、消費者1000人調査から検証してみよう。

具体的にとりあげたのは、誰もが知る、以下のグローバルブランドだ。

・スターバックス
・コカ・コーラ
・ルイ・ヴィトン

図12-2 類は友を呼ぶ

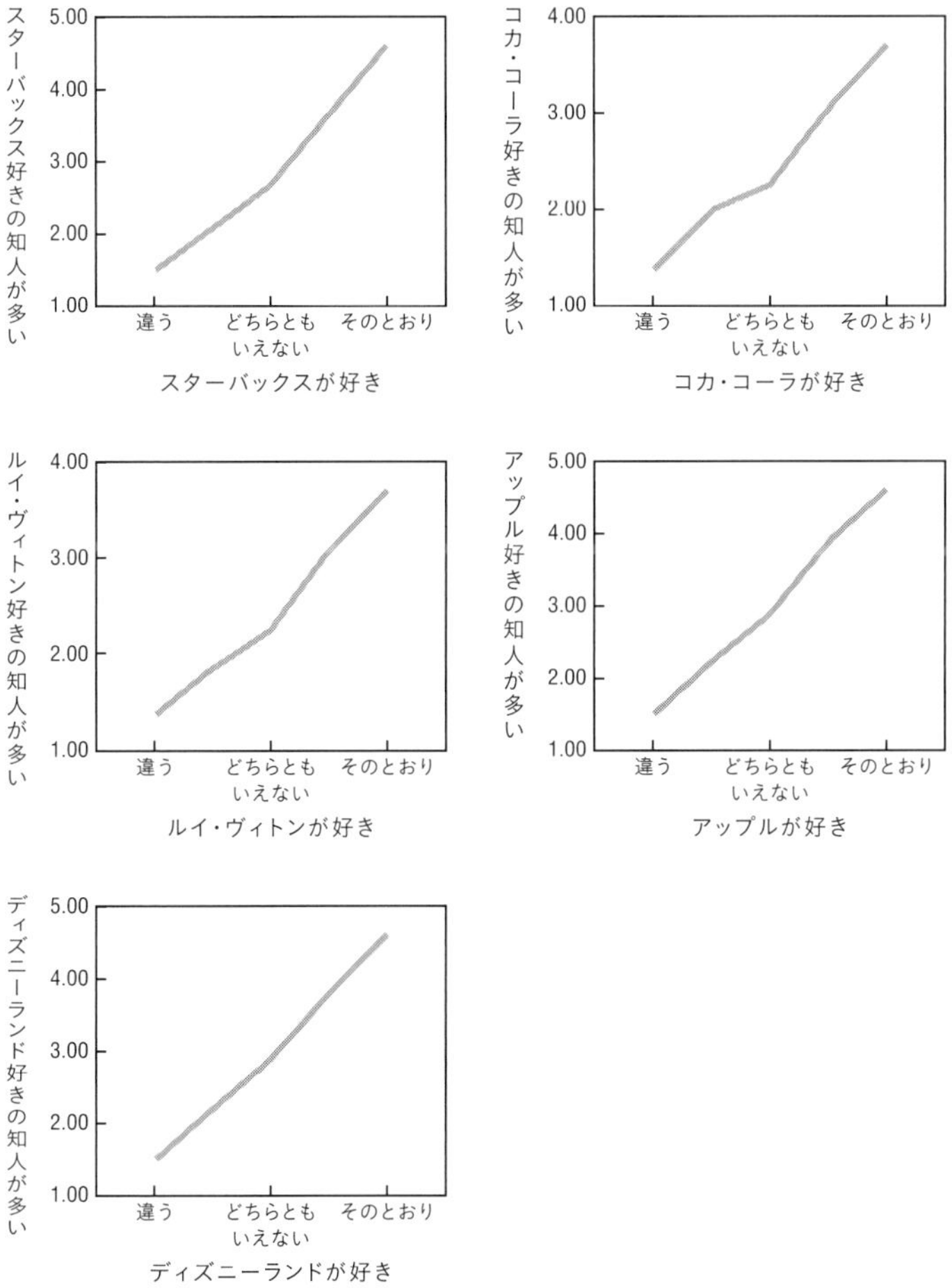

注)いずれの項目も5ポイントスケールで測定。いずれのブランドもp値<0.001

・アップル
・ディズニーランド

本当に、これらのブランドが好きな消費者の周りには、そのブランドが好きな消費者が多いのか？

分析結果は、図12－2のとおりである。

いずれのグラフも、非常にきれいな正の相関がある。やはり、スターバックスが好きな人の周りには、スターバックス好きが多い。コカ・コーラ、ディズニーランド、ルイ・ヴィトン、アップルも同様だ。

ブランドは人から人へ広がっていくということだ。強いブランドをつくるためには、「人」というメディアを重視する必要がある。

広告VS口コミ

あなたは、どちらのメッセージにひかれるだろうか？

Ａ「あのトマト、とても甘いの」
Ｂ「当社のトマトは、とても甘いです」

消費者1000人調査の結果は、以下のとおりである。

Ａ「あのトマト、とても甘いの」…………77・0％
Ｂ「当社のトマトは、とても甘いです」……23・0％

圧倒的に多くの消費者は、Ａのメッセージに影響を受けると答える。Ａは、消費者が商品の魅力を伝える「口コミ」だ。Ｂは企業が自社の商品の魅力を伝える「広告」である。広告に比べて、口コミのほうが影響力の大きいことが示唆される結果だ。

第3章で示したとおり、口コミにのりやすい商品ほど、強いブランドになりやすい。口コミで築かれたブランドは、永続性のある強力なブランドになる可能性が高い。なぜなら、口コミをするのは、そのブランドに満足し、そのブランドに信頼を寄せる顧客自身だからである。信頼をベースに築かれたブランドは長続きする。

逆に、インパクトや驚きのある広告キャンペーンだけで築かれたブランドは、長続きしにくい。インパクトや驚きは、最初はパワーを持つが、時がたてば次第に弱まっていくからだ。

また、口コミで獲得した顧客は、リピーターになる可能性が高い。なぜなら、口コミをしてくれる人は、そのブランドを気に入った人である。「類は友を呼ぶ」というように、そのブランドを気に入る人の周りには、そのブランドと相性が良い人がいる可能性が高い。

一方、価格の安さでひきつけた顧客はリピーターにはなりにくい。低価格を重視する顧客は、別のブランドが安売りをしたら、そちらに移ってしまう。

このように口コミはブランドづくりにとってきわめて重要であるが、広告と違い、口コミはお金を出せば発信できるというものではない。

では、ブランドづくりにおいて、いかに口コミを活用していけばよいのであろうか？

口コミを活用したマーケティングについては、拙著（『小が大を超えるマーケティングの法則』）で実証データに基づき検討している。そのときに、口コミの発生を促進するための条件として抽出されたのは、以下、①〜⑥の条件だ。

①店名や商品名が短く、覚えやすい
②特徴が絞り込まれていて、言語化しやすい
③顧客満足度が高い
④商品、品ぞろえに個性、オリジナリティがある
⑤顧客とのコミュニケーションを重視している
⑥顧客の声を聞いている

次に、この①～⑥以外で、口コミの発生を促進するためのヒントをいくつか述べよう。

体験が口コミを誘発する

以前、イチゴに関するマーケティング・リサーチを行ったときに、全国のブログから「イチゴ」について語られているものを集めてみた。そのときに興味深い事実に気づいた。

表12－1は、イチゴに関するブログに出現する単語を多い順にならべたものである。最も多いのは「狩り」という単語である。これはイチゴ狩りの「狩り」である。

普段イチゴを食べておいしかったぐらいでは、なかなかブログには書かない。すなわち、口コミは発生しにくい。だが、イチゴ狩りという、いつもと違う体験をすることによって、人に伝えたいという気持ちが高まることがわかる。

日常と違う体験を消費者に提供することによって、口コミの誘発が期待できる。強いブランドになるためには、単にモノを売るだけでなく、体験を提供することがますます重要になっていくはずだ。

口コミのタネをまく

表12-1　イチゴに関するブログに出現する単語

	2月	3月	4月	5月	6月	7月
1	狩り	狩り	狩り	狩り	狩り	狩り
2	いちご大福	いちご大福	いちご大福	収穫	ジャム	ジャム
3	ケーキ	ケーキ	ジャム	ジャム	収穫	収穫
4	チョコ	生クリーム	ケーキ	実	ケーキ	ケーキ
5	タルト	タルト	デザート	ケーキ	実	かき氷
6	あま(甘)	デザート	タルト	畑	ブルーベリー	実
7	生クリーム	あま(甘)	生クリーム	デザート	畑	ブルーベリー
8	デザート	おいしい	花	生クリーム	苗	おいしい
9	おいしい	おいしかった	おいしい	花	タルト	果物
10	おいしかった	春	おいしかった	苗	おいしい	苗

注)出現単語を頻度が多い順に並べた。2012年2月～7月調査

口コミの発生を促進するために、消費者がそのブランドについて口コミしやすいよう、口コミのタネをまくことも有効である。口コミのタネ（＝ネタ）があると、消費者は自分が気に入ったブランドを他者に伝えやすい。

たとえば、「アメーラ」だと、次のような口コミのネタがある。

・アメーラは、「甘いでしょ」の静岡弁「あめ〜ら」が由来
・ルビーとビーンズで「ルビンズ」と名づけられた
・アメーラは、甘さや栄養素が濃縮しているので「水に沈む」
・アメーラのお尻の先端にはきれいな「星のマーク」が出ている。これが甘さの手がかり
・木村拓哉さんが、紅白歌合戦の舞台袖でルビンズを食べてステージへ

とくにアメーラの名前の由来は、消費者のブログなどでも頻繁に引用されている。野菜のプロフェッショナルである「野菜ソムリエ」の公式ガイドブックにも、この情報が出題されている。

Q　高糖度トマト「アメーラ」の名前の由来はどれか。選択肢の中から選びなさい。

1　南米コロンビアのアメーラ地方原産の品種をもとに作られたから

2　生産地の方言で「甘いでしょ」がなまった「あめえら」から

3　紀州の誇る粘菌学者南方熊楠に由来して「アメーバ」から

4　農学博士アメーラ・ロドリゲスの指導の下に改良されたから

——日本野菜ソムリエ協会『野菜ソムリエ公式ガイドブック』
日本能率協会マネジメントセンター

正解は、もちろん「2」である。農学博士アメーラ・ロドリゲスといった人物はおそらく存在しないし、コロンビアにはアメーラ地方はない。南方熊楠とアメーラトマトはもちろん無関係だ。

インフルエンサーの力

口コミを利用したブランドづくりでは、ターゲット顧客に対して発信力と影響力を持つ人たち、すなわち「インフルエンサー」を特定し、その人たちの力を活用することも有効である。

まず、企業からインフルエンサーに対して深いブランド情報を提供する。その後、インフルエンサーからの口コミを通して、消費者に情報が広がっていくという、2段階のコミュニケーションである（図12－3参照）。

インフルエンサーは分野によって異なる。たとえば野菜であれば、インフルエンサーは次のような人たちだろう。

野菜ソムリエ、シェフ、料理研究家、料理教室の先生、市場関係者など

これらの人たちは、食や農産物に関して高い専門性を有し、消費者から信頼も厚い（表12－2参照）。一般の人と比べ、口コミ発信力は格段に大きい。

図12-3 インフルエンサーを介した2段階コミュニケーション

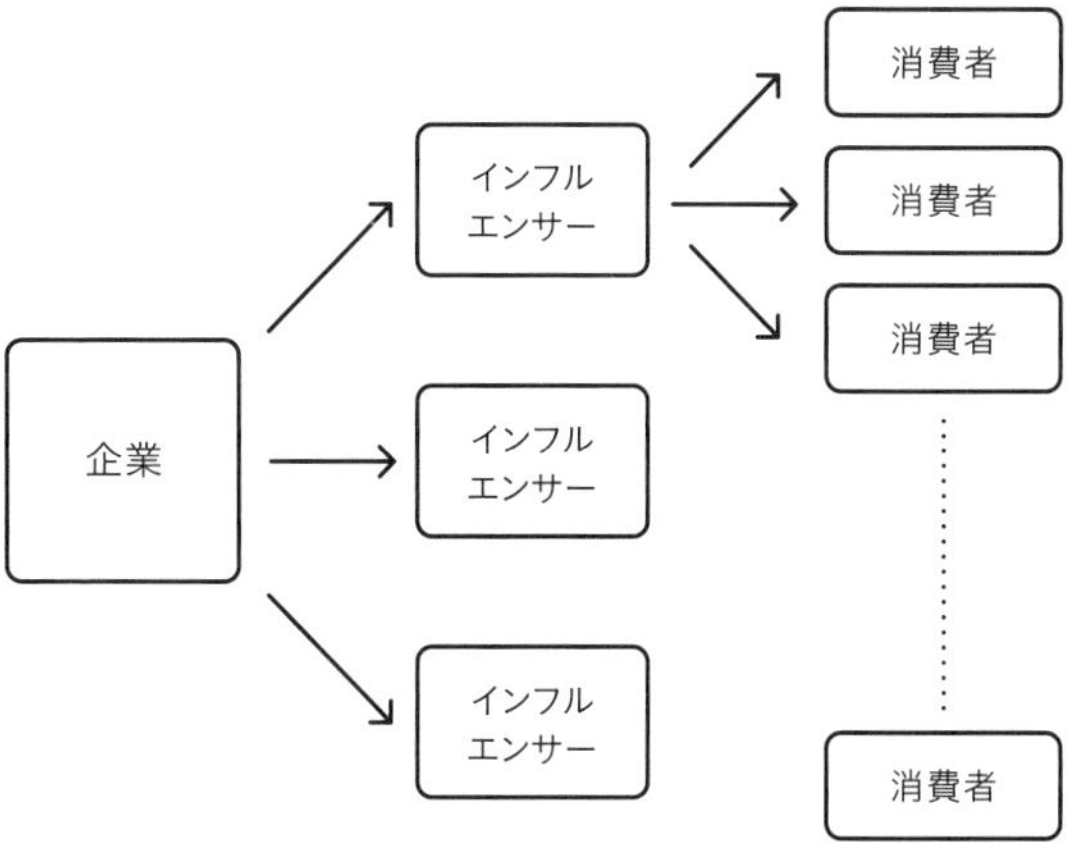

インフルエンサーにブランドの口コミをしてもらうためには、インフルエンサーと自社との距離を縮めることが大切である。

たとえば、農産物のブランドであれば、生産地に実際に来てもらうことや、インフルエンサーと生産者がフェイス・トゥ・フェイスで直接的なコミュニケーションをすることなどが有効だろう。そうすると売り手と買い手の心理的な距離が縮まり、口コミの発生が促進される。

「アメーラ」を生産するサンファーマーズでは、野菜ソムリエや流通業者など、当該分野の専門家の農場見学に積極的に対応し、生産者の思いをダイレクトにインフルエンサーに伝えている。

以下は、野菜ソムリエのアメーラの農場見学会の後に、野菜ソムリエのみなさんから寄せられたコメントである。

表12-2　どちらの言葉に影響を受けると思いますか

（野菜ソムリエの言葉）	このトマトは、とてもおいしいです	64.5%
（販売者の言葉）	このトマトは、とてもおいしいです	35.5%

出所）消費者1,000人調査

「今回お話を聞いたり、実際の現場をみて、さまざまなことを知ったことによって、これからのアメーラトマトをみる目が変わった。アメーラトマトのおいしさを伝えていきたい。帰ったらたくさん宣伝させていただきます」

「お話も楽しく、理解しやすかった。アメーラが高価な理由がよくわかった。多くの方に伝えていきたい」

「経営理念や実際の経営上の考え方まで教えていただき、ありがたく思った。ここまで教えていただいたので、帰って知人に宣伝しなければ……」

「この経験を活かし、お客様にアメーラトマトを伝えることが私にできることなので、がんばります」


これらのコメントからは、体験によってインフルエンサーの口コミ意向が高まることがわかる。インフルエンサーからの口コミは、アメーラのブランドづくりの大きな原動力となっている。

パブリシティ

あなたは、どちらのメッセージにひかれるだろうか？

Ａ（広告）　　　「このトマトは、とても甘い」
Ｂ（新聞記事）「このトマトは、とても甘い」

消費者１０００人調査の結果は、以下のとおりである。

Ａ（広告）…………32・７％
Ｂ（新聞記事）……67・３％

強いブランドをつくるためには、新聞・テレビなどの公《おおやけ》のメディアで自社商品をとりあげてもらうことが有効である。

新聞記事やテレビ報道などのパブリシティは、広告に比べて消費者の信頼性が高い。

信頼性の高さゆえ、ブランド力を高める有効な手段となる。また、パブリシティは無料であり、広告予算が限られる中小企業にとっては、口コミとならんで重要なコミュニケーション手段である。

われわれは、たちまちロサンゼルス市民に受け入れられた。第一号店のオープン前に、『ロサンゼルス・タイムズ』紙が、われわれのコーヒーは全米一だと書いてくれたのである。

——ハワード・シュルツ、ドリー・ジョーンズ・ヤング　小幡照雄、大川修二訳
『スターバックス成功物語』日経ＢＰ社

このとおり、スターバックスのロサンゼルス進出の成功のカギは、新聞記事による「パブリシティ」である。スターバックスは、銀座に日本第一号店をオープンしたときも、広告宣伝費を一切使っていない。スターバックスのブランド力を高めたのは、パブリシティである。

メディアへの露出がブランド力を高めてくれることはデータからも明らかだ。図12－4に示すとおり、「パブリシティ」と「ブランド力」の間には、強い正の相関がある。メディアでの報道や掲載は、ブランドの信頼の構築に直結する。積極的に報道機関

に情報を提供していくべきだろう。

コンタクト・ポイントを把握する

顧客がブランドと出合い、さまざまな経験をする接点のことを「コンタクト・ポイント」という。ブランドの価値を効果的に消費者に伝えるためには、コンタクト・ポイントを把握することが欠かせない。

コンタクト・ポイントがわかれば、どこで情報発信をすれば効果的にブランドの価値を伝えることができるのかが明らかになる。

たとえばアメーラのブランドのコンタクト・ポイントは、表12－3のとおりだ。

最も多いのは、「小売店の店頭」である。そこで、

図12-4　パブリシティとブランド力には強い相関がある

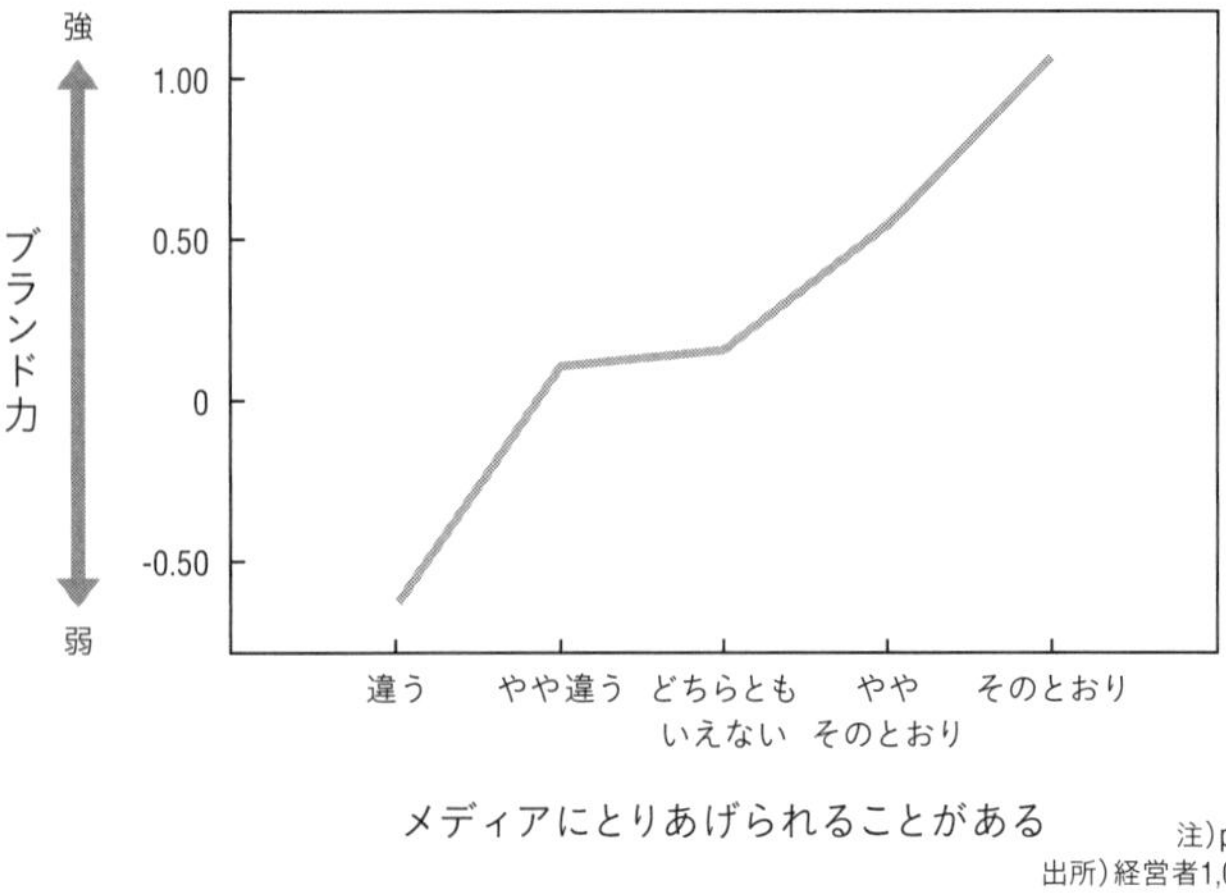

注）p値<0.001
出所）経営者1,000人調査

アメーラの出荷用のパッケージの中には、小分け用のアメーラのロゴのシールを入れてある。店頭で小分けされたとしても、ロゴのシールを貼ってもらえるため、ブランドイメージの一貫性を保つことができる。

また、箱に同封しているリーフレットは、店頭POPとしての利用を意識してデザインしている。店頭でも映えるように、用紙のツヤ、カラーの発色など、印刷の質にもこだわっている。

以上、本章では大きな予算を使用せずにブランドの価値を発信する方法についてみてきた。口コミ、パブリシティ、店舗での情報発信は、そのための強力なプロモーション手段になる。

プロモーションに続いて、次章では、ブランドづくりにおける価格戦略の考え方について検討しよう。

表12-3 アメーラの情報をどのように知ったのか

1	小売店の店頭	50.0%
2	パブリシティ(テレビ番組、新聞・雑誌記事)	29.0%
3	店員・販売員	11.9%
4	口コミ(家族、友人、知人)	10.8%
5	アメーラのウェブサイト	9.7%
6	飲食店	7.4%

注)複数回答。5%以上を表示

CHAPTER13

強いブランドの価格戦略

ルイ・ヴィトンは、これまで一五〇年以上の長い歴史のなかで、一回もセールやディスカウントをしたことがありません。

――秦 郷次郎『私的ブランド論』日経ビジネス人文庫

ブランドにとって価格は、品質を伝えるメッセージでもある。高い品質に見合った価格で売ることができるのが、強いブランドである。

もちろん、これはルイ・ヴィトンなどのファッション・ブランドだけに限ったことではない。

たとえば、ブランド魚の「関サバ」。一尾あたり３５００円で売られている（注）。筆者の住む静岡の魚市場では、普通のサバは一尾１６０円で売られていた。関サバの20分の１以下だ。

ブランドがない限り、たとえ関サバのように身が引き締まっておいしいサバが獲れたとしても、高い価格で売ることは難しい。

関サバが水揚げされる佐賀関（大分県）の対岸に、佐田《さだ》

図13-1　関サバと岬サバ

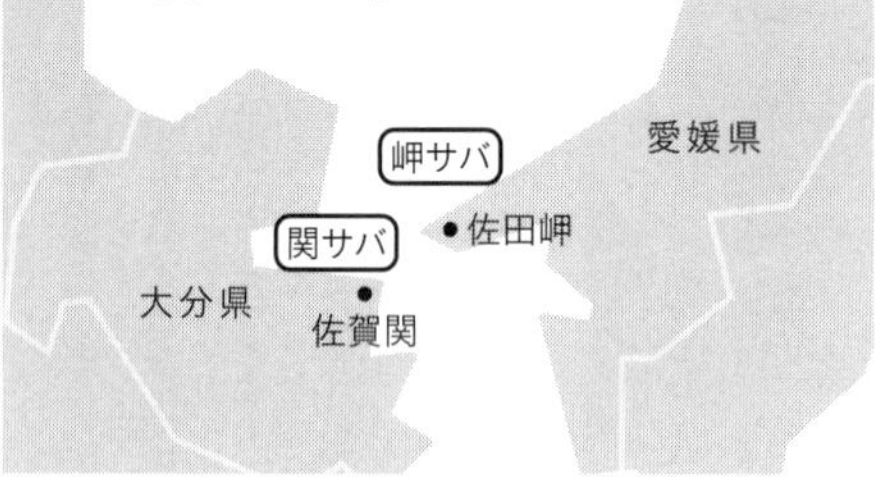

岬（愛媛県）がある（図13－1参照）。ここで水揚げされる「岬《はな》サバ」は、関サバと同じ豊予《ほうよ》海峡で獲れるにもかかわらず、関サバの価格を下回る。第2章でもみたとおり、ブランド力が強くなると、価格プレミアムを享受できるのである。

プレミアム価格

強いブランドの価格戦略の定石は「非・低価格戦略」である。「価格」ではなく「価値」で顧客をひきつけるのが、強いブランドだ。

今日、高い価値を感じてくれれば、それに見合う価格を払ってくれる人が増えている。強いブランドのターゲット顧客は、このような人たちである。

高い価値でひきつけた顧客は、他のブランドにスイッチしにくい。価値がある限り、繰り返し買ってくれる。逆に、価値を感じなければ、いくら安くしても選択してくれない。たとえ、安さで一度は買ってくれたとしても、二度目はない。

価格の安さを最重視する消費者は、たしかに存在する。だが、こういった顧客は強いブランドのターゲットではない。**価格でひきつけた顧客は、価格で逃げていく。**他に安いブランドをみつけたら、別のブランドにスイッチしてしまう顧客層である。

「ブランド力によって、単価があがっている」（市場関係者）

「高いけど、それだけおいしい！　価値はあると思うよ！」（消費者）

これらの声が示すように、アメーラトマトは「甘い」が、価格は「甘くない」。アメーラは、一般のトマトを大きく超える高値で取引されるなど、強い価格形成力を持つ。アメーラは、一般のトマトに比べ約3・4倍の価格を実現している（表13－1参照）。

高糖度ミニトマト「アメーラ・ルビンズ」は、その独自性ゆえ、農産物の市場流通としては異例の定価販売を実現している。

アメーラのプレミアム価格は、そのブランド力によって実現しているが、その裏には、品質向上のため絶え間ない努力や独自の栽培方法で、普通のトマトの何倍ものコストと手間をかけていることも忘れてはならないだろう。

表13-1　トマトの平均単価

	平均単価（円／kg）
①アメーラ	1,230
②トマト	360
①／②	3.42

注）トマトの平均単価は、東京都中央卸売市場統計情報（平成22年度）

１００万円のワインは、なぜおいしいのか？

「芸能人格付けチェック」という、テレビのお正月恒例の特別番組がある。番組のワインシーンは次のようなイメージだ。

「３０００円のテーブルワイン」と「１００万円の最高級ワイン」がテーブルにならんでいる。目隠しした状態で、芸能人に試飲してもらい、どちらが「１００万円の最高級ワイン」なのかを当ててもらう。

「うーん、どちらが１００万円のワインだろう？」

誰もがとても悩む。価格を知らずに飲むと、３０００円のワインと１００万円のワインといえども、味に大きな違いを感じないようだ。３０００円のワインのほうをおいしいという人もいる。

だが、目隠しなしで、同様の実験を行うと、ほぼ１００％の人が３０００円のワインよりも、１００万円のワインをおいしいと答えるはずだ。

筆者の研究室で実施した「緑茶」の実験結果を紹介しよう。

「緑茶業界からの試飲依頼」というカバーストーリーを用いて、被験者28人に2種類の緑茶を飲んでもらった。被験者には、試飲前に以下の情報を伝えている。

2杯の緑茶の味の評価をお願いします。
一つは、100グラム・6000円の茶葉からいれたものであり、一杯あたり〝100円〟の茶葉を使っています。
もう一つは、100グラム・300円の茶葉からいれたものであり、一杯あたり〝5円〟の茶葉を使用しています。
それぞれの味の評価をしてください。

実は、2杯の緑茶はまったく同じ茶葉から、同時にいれたものであり、味には違いがない。

実験の結果はどうだったか（表13－2参照）。「100円」と聞いたグループでは、全体の57・1％が「おいしい」と答えている。一方、「5円」と聞いたのグループで「おいしい」と回答したのはわずか14・3％である。同じお茶を飲んだにもかかわらず、おいしさの評価には統計的にも明らかに違いがある。

実験中の被験者のつぶやきは、とても興味深かった。

「高級な茶葉は、やはり味が違う！」

「高い茶葉の香りは格別ですね」

この実験結果が示すことは、「価格には、品質を変える力がある」ということである。価格が味だけでなく、香りも変えてしまう。たしかに「高かろう、良かろう」が作用するということだ。

無意識のつじつま合わせ

なぜ、価格が高いとおいしくなるのだろうか？　この理由を、社会心理学者L・フェスティンガーの「認知的不協和」の理論で考えてみよう。「認知的不協和」は、簡単に

表13-2　緑茶の試飲結果

提示価格	おいしい	ややおいしい	普通	あまりおいしくない	おいしくない
100円	57.1%	28.6%	10.7%	3.6%	0.0%
5円	14.3%	35.7%	39.3%	7.1%	3.6%

注）p値<0.01

いうと「無意識のつじつま合わせ」の理論だ。

人は、心の中に矛盾が生じると、認知的不協和といわれる「不快な緊張」を感じるため、無意識のうちにその矛盾を解消しようとする。

上記の緑茶の実験の場合において、被験者が感じる「認知」は二つある。

一つは、「おいしいか、おいしくないか」という認知（心の中の認知であり「内的認知」と呼ばれる）。

もう一つは、「価格の高い緑茶を飲んだ」という認知（客観的事実であり「外的認知」と呼ばれる）である。

もし、「内的認知」（おいしいか、おいしくないか）と「外的認知」（価格の高い緑茶を飲んだ）に矛盾があると、人は「不快な緊張」を感じるため、無意識につじつま合わせをしようとする。

この場合、つじつま合わせのために変わりうるのは、「内的認知」と「外的認知」のいずれだろうか？

「外的認知」（価格の高い緑茶を飲んだという認識）は客観的な事実であり、すでにお茶は胃袋に入っているので変えようがない。変わりうるのは、「内的認知（おいしいか、おいしくないか）」である。

だから、内的認知が価格に合わせて無意識のうちに変わる。このケースでは、高価格に合わせて味もおいしくなる、ということだ。

「外的認知」（高い緑茶を飲んだ）＝「内的認知」（おいしい）

強いブランドにおける価格の好循環

ここまでの説明から、強いブランドには「価格の好循環」が作用することがわかる。

まず、第2章でみたとおり、ブランド力が強化されると、高い価格でも購入したいという消費者が増えるので、「プレミアム価格」をつけることが可能になる。

次に、本章でみたように、「プレミアム価格」をつけることができれば、「高かろう、良かろう」の心理メカニズムが作用するため、消費者が「知覚する品質」は高くなる。

そして、消費者の「知覚する品質」が高まると、ブランド力が強固になる。

このように、ブランド力が強くなると、価格の好循環を達成できる（図13－2参照）。

だから、強いブランドは価格競争に巻き込まれることはない。
もし、自社商品が、価格競争に巻き込まれてしまうのであれば、それはブランド力に問題があるということだろう。

図13-2　強いブランドにおける価格の好循環

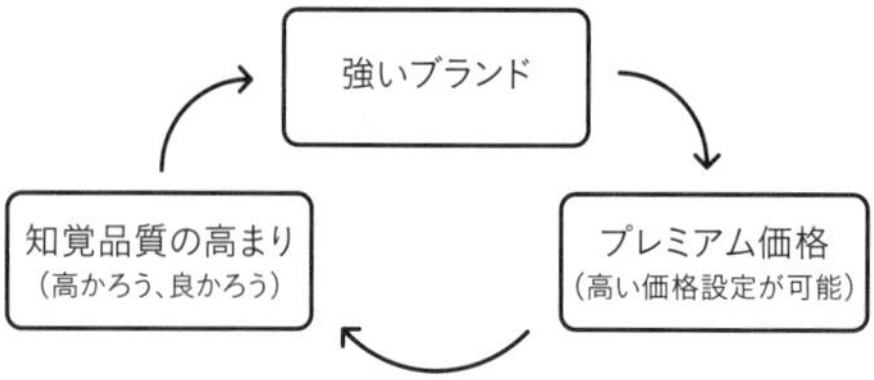

［注］大分県漁業組合佐賀関支店の通販価格（http://www.sekiajisekisaba.or.jp/　2013年6月10日調べ）、2尾で7350円（税込み、送料別）。税抜き一尾あたりでみた価格は3500円。

CHAPTER14

強いブランドには、ハーモニーがある

ブランドが強くなると、そのブランドを別の商品にも利用する機会、すなわち「ブランド拡張」の機会が生まれる。

既存ブランドを利用すれば、新たな商品展開をするときに新しいブランドを一から創造する必要はないため、有利な展開が期待できる。

だが、**ブランド拡張は両刃《もろは》の剣《つるぎ》**である。ブランド拡張にはリスクも伴う。注意が必要だ。

では、強いブランドをつくるためには、どのようにブランド拡張すべきか？　本章では、その方向性を検討しよう。

ブランド拡張のリスク

「ブランドのラインナップを増やせば、より売り上げが伸びる」

このように考えて、ブランド力が強くなると、他の分野に進出しようと考える企業が少なくない。ブランド拡張によって、短期的には利益を増やすことができるかもしれないが、長期的にはマイナスに作用する可能性もある。ブランドイメージが希釈化されて、結果的にブランド価値が低下してしまう危険性があるためだ。
たとえば、マクドナルドで「おにぎり」を売ると仮定しよう。短期的には、話題性で売り上げが伸びるかもしれない。しかし、時間がたつと話題性の効果は薄れ、逆にマイナスの影響が出てくる。「ハンバーガー」+「おにぎり」という組み合わせにはハーモニーがなく、消費者の心の中にあるハンバーガーショップとしてのブランドイメージを希釈化させてしまうのである。

かつて、マクドナルドが、メニューにカレーライスを加えたことがあったが失敗した。「ハンバーガー」+「カレーライス」の組み合わせが、消費者の有するブランドイメージに反し、消費者の共感を得ることができなかったからだろう。もし、マクドナルドがカレーライスの販売を継続していたら、どうなっただろうか? おそらく、今ほどマクドナルドのブランドイメージは強くなかったはずだ。

消費者が有するブランドイメージに整合しないブランド拡張が、ブランド力を低下させてしまうことは、次のような架空のケースを想像してみればよくわかる。

「コカ・コーラ」のトマト
「スターバックス」のスニーカー
「ルイ・ヴィトン」のエアコン
「シャネル」のコーヒー
「アップル」のアップルパイ

もちろん、現実にはいずれもありえないが、いかに強いブランドでも、既存商品と無関係な拡張を行えば、拡張した商品がうまくいかないばかりか、既存商品のブランドイメージも悪化させてしまうことが想像できるだろう。

ハーモニーのあるブランド拡張

ブランドづくりは、音楽づくりに似ている。受け手の感情に訴えること、想像力が必要なこと、そして何よりもハーモニーが大切なことである。

ブランド拡張においても、買い手の感情を想像し、ハーモニーを大切にする必要がある。コカ・コーラにしてもアップルにしてもスターバックスにしても、強いブランドのマーケティング戦略には、絶妙のハーモニーがある。

たとえば、トマトのブランド拡張を考えてみよう。トマトのブランドが、トマトケチャップ、トマトピューレ、トマトジュース、トマトゼリー、ドライトマトなどを発売する。このような拡張はハーモニーがあるので、商品間に相乗効果が生まれ、ブランド価値の向上が期待できるだろう。

一方、トマトのブランドがイチゴ、ニンジン、レタス、かぼちゃを発売するケースはどうだろうか。このような拡張はハーモニーが乏しく、各商品のブランド力が希釈化し、ブランド価値が低下してしまうことが懸念される。


ブランド拡張をすべきか否か、迷ったときには、次の問いを判断基準にするとよい。

①拡張する商品が、ブランド・アイデンティティと整合しているか？
②ブランド拡張によって、現在のブランド価値がさらに高まるのか？

この二つの問いに対する答えがイエスであれば、ブランド拡張を進めるべきだろう。

逆に、何よりいけないのは、

「今ある商品が不振だから、別の商品にブランドを拡張しよう」
「とりあえず、目先の売り上げをあげるために、ブランドを拡張しよう」
といった発想である。

アメーラ・ブランドの拡張は、「高糖度トマト」と「おいしさの感動」を軸として、ハーモニーを重視して進めている。

高糖度トマト　「アメーラ」
高糖度ミニトマト（レッド）　「アメーラ・ルビンズ」
高糖度ミニトマト（イエロー）　「ルビンズゴールド」
高糖度トマトのピューレ　「アメーラ・ピュレ」
高糖度ドライ・トマト　「アメーラ・ドライ」

もし、アメーラ・イチゴをつくったとすると、どうなるだろうか？

「アメーラって、トマト？　それともイチゴ？」

消費者が「アメーラ」と聞いたときに、頭の中に具体的なイメージが浮かばなくなってしまう。繰り返し述べているように、イメージが浮かばなければ、選ばれることはない。

「アメーラ＝トマト」という消費者の知覚に反するため、高糖度トマトとしてのブランド力も弱くなってしまうだろう。

ブランド拡張には、ハーモニーが欠かせない。

図14-1　ハーモニーを重視したブランド拡張
（アメーラ・ルビンズとルビンズゴールド）

CHAPTER15

ブランドづくりにゴールはない

ブランドは、積み重ねである

ブランドは「累積」の概念であり、一日にしてならない。ブランドは、「売り手」の前向きなチャレンジの継続と、「買い手」の経験の積み重ねによって生まれる。消費者にとってブランドは、自分がみたこと、聞いたこと、感じたこと、体験したことのかけ算である。

どんなに強力なブランドでも、**磨かなければ、徐々に陳腐化**していく。

たとえば、「コカ・コーラ」を知らない人はいないだろう。世界的なブランドの評価機関インターブランドのブランドの評価でも、コカ・コーラのブランド価値は世界一だ。にもかかわらず、なぜ今も、あれだけのテレビＣＭ、店頭プロモーション、ＰＲ活動を続けているのか？

そう、いくら強いブランドでも、マーケティング努力がなければ、忘れられてしまう可能性があるということだ。

強いブランドは、常に前に進んでいる。いつでも新鮮だ。たしかに、コカ・コーラも、マクドナルドも、ディズニーランドも、ソニーも、カップヌードルも、ポッキーも、ロングセラーブランドでありながら、まったく古さを感じさせない。

ブランドにとって、陳腐化は最大のリスクだ。現状維持を続けていると、次第にブランド力は弱くなる。ブランドづくりは、進化であり、チャレンジである。ブランドに完成形はない。

「毎日がイノベーション。毎日が技術の蓄積」(サンファーマーズ高橋章夫前社長)

「目指すは世界一のトマト産地」(サンファーマーズ稲吉正博社長)

「作物に、根があり、茎があり、葉があり、実がなるように、いい実という〝ブランド〟をつくるには、一つひとつの工程を大事にして、根っこをしっかりつくることからはじめるべきだと感じました」(アメーラトマトの若手生産者)

ブランドづくりは、農産物づくりに似ている。強いブランドは、育てるものだ。農産物と同じように、タネをまき、毎日水をやり、大切に育てなければ、強いブランドは生まれないし、維持できないのである。

ブランドにも健康診断を

人と同じく、ブランドも健康を維持するためには、定期的に健康診断をすることが有効である。ブランドの健康診断とは、マーケットの声を聞き、ブランドの現状を把握することである。

ブランドの特徴がしっかり買い手に理解されているだろうか？

ブランド・アイデンティティと買い手のブランドイメージとの間にギャップはないのか？

消費者の声を聞くことで、こういった情報が明らかになる。問題がある場合には、早めにしかるべき対応をすることが可能になる。

具体的な診断項目を例示しよう。これらの現状と時系列的な変化を把握し、ブランド戦略に活かしていくのである。

・知名率

自社ブランドが、ターゲット顧客のうち、どの程度に知られているのか。

・理解率

自社のブランドの特徴（強み、こだわりなど）がターゲット顧客に理解されているのか。ブランド・アイデンティティはしっかり買い手に伝わっているのか。

・利用意向

自社ブランドを利用したい人は、ターゲット顧客のどの程度なのか。

・利用率

自社ブランドを利用したい人のうち、どの程度が実際に利用しているのか。利用意向と利用率にギャップがあるのであれば、それはなぜなのか。

・満足度

自社ブランドを利用している人の満足度はどうなのか。どのような要因が満足度に影響を及ぼしているのか（「総合的な満足度」と「満足度に影響を及ぼすであろう個々の要因」に対する評価を聞いておくと、回帰分析などの統計手法で、満足度を高めるためにどの要因を強化すべきかがわかる）。

・リピート意向

自社ブランドの利用者のどの程度が、もう一度利用したいと考えているのか。

・推薦意向

自社ブランドを利用している人のどの程度が、友人、知人などに、そのブランドを薦めたいと思っているのか。

・ブランドイメージ

自社ブランドが、消費者にどのようなイメージを持たれているのか。ブランドイメージに変化はないのか。売り手と買い手の認識にギャップはないのか。イメージの定量的な評価とともに、イメージを文章で記述してもらうなど定性的な把握も行う。

ブランドが「失敗」する10の理由

ブランドづくりは、簡単にはいかない。成功する企業よりも、失敗する企業のほうが多い。では、なぜ、失敗するのだろうか？

本書のまとめもかねて、「こうするとブランドづくりに失敗してしまう」10のリストを示すことにしよう。

ここに一つでも当てはまれば、ブランドづくりはうまくいかない。ブランドづくりに成功するためには、すべての項目において、この逆でいくことである。

①品質管理がしっかりしていない

ブランドは手段であり、目的ではない。にもかかわらず、ブランドづくりに目を奪われ肝心の品質をおろそかにしてしまうと、ブランドづくりは失敗する。繰り返すが、品質は、ブランドづくりの「土台」である。品質に問題のある商品を販売すれば、商品に対する信頼は一瞬のうちに消え去り、ブランド力は地に落ちてしまう。手段と目的を取り違えてはいけない。

②戦略がない

「どのようなブランドをつくるのか」という明確な方向性なしに、「ブランド」という言葉を先行させても、ブランドづくりはうまくいかない。ブランドづくりには「羅針盤」が不可欠だ。

③共感性の欠如

消費者が有するイメージ、期待、信頼に背《そむ》く商品は、強いブランドにはならない。

④コミュニケーションに一貫性がない

場当たり的なコミュニケーションをいくら繰り返しても強いブランドはできない。統一性、一貫性がなければ、消費者の心に明快なイメージをつくることはできない。

⑤無関係なブランド拡張

ブランドをむやみに広げると、ブランド価値は希釈化されてしまう。

⑥なんでも屋になる

「いろいろあります」「たくさんあります」でブランドはできない。強いブランドは焦点が絞られている。

⑦消費者の声を聞かない

消費者に一方的に語りかけるだけでは、強いブランドはできない。消費者との情報のキャッチボールをしないと、独り善がりのブランドになってしまう。

⑧値引き競争をする

価格の安さを売りにする商品は、強いブランドにはならない。価格競争に巻き込まれる商品はブランドではない。

⑨感性に訴えない

機能やコストだけによる勝負では、ブランドづくりはできない。強いブランドは感情に訴える。

⑩動きがない
チャレンジせず、現状維持でよしとすると、ブランド力は弱体化していく。

危機感を行動に変えよう

「アメーラも、未来永劫に大丈夫ではないという危機感があります」（サンファーマーズ稲吉正博社長）

危機感を原動力に変えて、挑戦を続けること。これがブランドづくりに欠かせない条件である。

危機感と一言でいっても、二つのタイプがある。「良い危機感」と「悪い危機感」だ。ブランド力を高めてくれるのは、「良い危機感」である。

危機という漢字は、「危（Risk）」＋「機（Opportunity）」で構成されているが、「機（Opportunity）」に着目するのが「良い危機感」である。一方、「危（Risk）」に目を向けるのが「悪い危機感」だ。

「良い危機感」は、人を奮い立たせてくれる、新たな挑戦への原動力になる、大きなバネになる。「悪い危機感」は、「ダメだ」「厳しい」といった嘆きや、現状維持につながる。

ブランドを強くするには、困難に出合ったとき、それを「危（Risk）」や障害としてとらえるのではなく、「機（Opportunity）」ととらえ、チャレンジを続ける姿勢が欠かせない。

ブランドは進化する

「私たちは進化することが生き残る道と考えています。進化するためにはどのような組織とシステムが必要かということを思考し続けています」（サンファーマーズ稲吉正博社長）

ブランドをとりまく環境は、常に変化する。それならば、ブランドも環境に合わせて変化しなければならない。ブランドづくりには、明日は今日より強いブランドをつくろう、という絶えざる進化の精神が欠かせない。

とはいえ、ブランドがうまくいっているときには、変化の必要性を感じにくい。人も組織も基本的に変化したがらない。このような心理を認識し、あえて変化をつくり出すことが必要だ。

図15－1をみてほしい。積極的に新しいことにチャレンジしている企業ほど、ブランド力が強いことが明らかだ。変化し、発展し、質的な成長をとげなければ、ブランド力を維持することは困難である。

「これでいい」と思った瞬間に、ブランドの衰退がはじまる。ブランドづくりにゴールはない。毎日がスタートだ。

さあ、前に進もう！

図15-1　積極的に新しいことにチャレンジしている企業ほど、ブランド力が高い

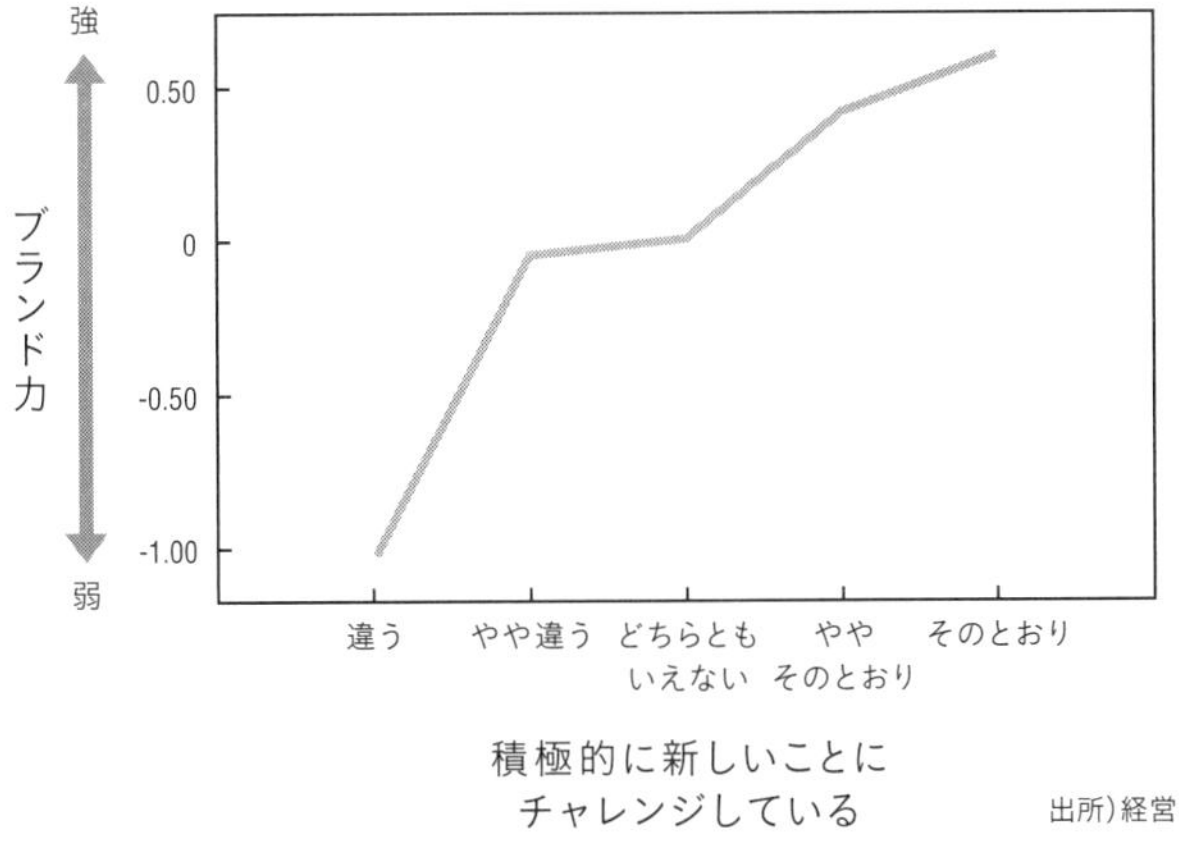

注）p値＜0.001
出所）経営者1,000人調査

あとがき

地域経済の現場で、次のような声を聞くことがよくあります。

「品質には自信がある」
「技術ではひけをとらない」
「味では負けない」
「資源はたくさんある」

ただ、この後に、きまって続く言葉は、「だけど、うまくいかない」です。
経営者調査のデータをみると、経営者の8割が自社商品の品質に自信を持っています。

しかし、約8割の中小企業の業況は不振もしくは停滞です。このデータが示唆することは、品質が良いだけでは、経営はうまくいかないということです。
右の声の後に続く言葉を「だけど、うまくいかない」から、「だから、選ばれる」に変えたい。そのためには、どうしたらよいのだろう?

これが、本書の執筆のきっかけになった思いです。

ブランドは「選ばれる」ための強力な武器になります。ブランドづくりにしのぎを削る社会は、価格の安さを競う社会とは異なり、勝ち負けの世界ではありません。なぜなら、ブランドの力は、一本のモノサシで測ることができないからです。私の心に響くブランドは、必ずしも他の人の心に響くとは限りません。

モノサシがたくさんあるということは、多様な企業が共存できるということです。多様なブランドが共存する社会は、消費者にとっても、選択肢が多様な豊かな社会です。多様性が高まれば、経済全体の変化対応力、持続力も高まるはずです。

本書は、多くの方々の協力と支えによって完成しました。中でも、アメーラトマトを生産するサンファーマーズの皆様と連携したブランドづくりの実践がなければ、本書は存在しませんでした。

サンファーマーズ社長の稲吉正博さん、前社長の高橋章夫さん、サンファーマーズの皆様お一人ひとりに心よりお礼を申し上げます。「最高品質の高糖度トマトで、おいしさの感動をお届けします」というアメーラ生産者の方々の熱意と地道で前向きな行動からは、たくさんのことを学ばせていただきました。

アメーラのブランドづくりに一緒に関わるデザイナーの瀧 正和さん、野菜料理研究家の新田美砂子さん、ウェブサクセスの加藤章浩さん、そして社外ブレーンのすべての皆様、ありがとうございました。

静岡県立大学の木苗直秀学長、先輩・同僚の先生方、職員の皆様には、いつも温かな研究教育上のご支援をいただいています。岩崎ゼミナールの学生との学びや卒業生との交流は、私の研究の原動力になっています。心よりお礼を申し上げます。

静岡県庁、静岡市役所、藤枝市役所をはじめとする行政機関の皆様には、受託研究やプロジェクトを通して地域と連携するたくさんの機会をいただきました。中小企業診断協会、静岡市産学交流センター、ＳＯＨＯしずおか、静岡県農業法人協会、静岡県茶業会議所、全国茶商工業協同組合連合会、商工会議所・商工会などの皆様には、セミナーなどを通して研究成果を地域に発信する貴重な場をいただいています。深く感謝いたします。

最後に、本書をお読みいただいた読者の皆様に感謝いたします。この小著が、皆様のブランドづくりや地域経済の活力づくりに少しでもお役に立てたら、これほどうれしいことはありません。

２０１３年９月

岩崎　邦彦

主要参考文献

青木幸弘『消費者行動の知識』日経文庫、2010年
青木幸弘編著『価値共創時代のブランド戦略――脱コモディティ化への挑戦』ミネルヴァ書房、2011年
アル・ライズ、ジャック・トラウト　新井喜美夫訳『マーケティング22の法則――売れるもマーケ 当たるもマーケ』東急エージェンシー出版部、1994年
アル・ライズ、ローラ・ライズ　片平秀貴監訳『ブランディング22の法則』東急エージェンシー出版部、1999年
池尾恭一、青木幸弘、南 知恵子、井上哲浩『マーケティング』有斐閣、2010年
石井淳蔵『ブランド――価値の創造』岩波新書、1999年
岩崎邦彦『小が大を超えるマーケティングの法則』日本経済新聞出版社、2012年
岩崎邦彦『緑茶のマーケティング――〝茶葉ビジネス〟から〝リラックス・ビジネス〟へ』農山漁村文化協会、2008年
岩下充志編著『ブランディング7つの原則――欧米トップ企業の最先端ノウハウ』日本経済新聞出版社、2012年
NHK放送文化研究所世論調査部編『日本人の好きなもの――データで読む嗜好と価値観』日本放送出版協会、2008年
大橋正房、シズル研究会編著『「おいしい」感覚と言葉――食感の世代』B・M・FT出版部、2010年
小川孔輔『ブランド戦略の実際〈第2版〉』日経文庫、2011年
小川正博、西岡正編著『中小企業のイノベーションと新事業創出』同友館、2012年
小倉昌男『小倉昌男　経営学』日経BP社、1999年
恩蔵直人『競争優位のブランド戦略――多次元化する成長力の源泉』日本経済新聞社、1995年
片平秀貴『パワー・ブランドの本質〈新版〉――企業とステークホルダーを結合させる「第五の経営資源」』ダイヤモンド社、1999年
栗木 契、水越康介、吉田満梨編『マーケティング・リフレーミング――視点が変わると価値が生まれる』有斐閣、2012年
久保田進彦「地域ブランドのマネジメント」（『流通情報』2004年4月）流通経済研究所
ケビン・レーン・ケラー　恩蔵直人監訳『戦略的ブランド・マネジメント 第3版』東急エージェンシー、2010年

小林 章『フォントのふしぎ——ブランドのロゴはなぜ高そうに見えるのか?』美術出版社、2011年
N・J・ゴールドスタイン、S・J・マーティン、R・B・チャルディーニ 安藤清志監訳、高橋紹子訳『影響力の武器 実践編——「イエス!」を引き出す50の秘訣』誠信書房、2009年
橘 みのり『トマトが野菜になった日——毒草から世界一の野菜へ』草思社、1999年
田中 洋『企業を高めるブランド戦略』講談社現代新書、2002年
田中洋編『ブランド戦略・ケースブック——ブランドはなぜ成功し、失敗するのか』同文舘出版、2012年
田村正紀『ブランドの誕生——地域ブランド化実現への道筋』千倉書房、2011年
田村正紀『マーケティング・メトリクス』日本経済新聞出版社、2010年
スコット・ベドベリ 土屋京子訳『なぜみんなスターバックスに行きたがるのか?』講談社、2002年
デービッド・A・アーカー 阿久津 聡監訳、電通ブランド・クリエーション・センター訳『カテゴリー・イノベーション——ブランド・レレバンスで戦わずして勝つ』日本経済新聞出版社、2011年
デービッド・A・アーカー 陶山計介ほか訳『ブランド・エクイティ戦略——競争優位をつくりだす名前、シンボル、スローガン』ダイヤモンド社、1994年
日経産業消費研究所編『日本企業のブランドマネジメント——有力企業の実態と動向』日経産業消費研究所、2001年
日本野菜ソムリエ協会『野菜ソムリエ公式ガイドブック』日本能率協会マネジメントセンター、2011年
秦 郷次郎『私的ブランド論——ルイ・ヴィトンと出会って』日経ビジネス人文庫、2006年
ハワード・シュルツ、ドリー・ジョーンズ・ヤング 小幡照雄、大川修二訳『スターバックス成功物語』日経BP社、1998年
伏木 亨『人間は脳で食べている』ちくま新書、2005年
マーク・ヒューズ 依田卓巳訳『バズ・マーケティング』ダイヤモンド社、2006年
リチャード・ワイズマン 木村博江訳『その科学が成功を決める』文藝春秋、2010年
山本嘉一郎、小野寺孝義編著『Amosによる共分散構造分析と解析事例』ナカニシヤ出版、1999年
電通abic project編、和田充夫、菅野佐織、徳山美津恵、長尾雅信、若林宏保『地域ブランド・マネジメント』有斐閣、2009年

岩崎邦彦（いわさき くにひこ）

1964年生まれ。静岡県立大学経営情報学部教授・地域経営研究センター長。

上智大学経済学部卒業、上智大学大学院経済学研究科博士後期課程単位取得。

国民金融公庫、東京都庁、長崎大学経済学部助教授などを経て現職。

専攻はマーケティング。主な著書に『小が大を超えるマーケティングの法則』（日本経済新聞出版社）、『スモールビジネス・マーケティング―小規模を強みに変えるマーケティング・プログラム』（中央経済社）、『緑茶のマーケティング―“茶葉ビジネス”から“リラックス・ビジネス”へ』（農文協）などがある。

小《ちい》さな会社《かいしゃ》を強《つよ》くする　ブランドづくりの教科書《きょうかしょ》

2013年 9月25日　1版1刷
2021年 8月 2日　　16刷

著　者――岩崎邦彦

発行者――白石 賢
発　行――日経BP
日本経済新聞出版本部
発　売――日経BPマーケティング
〒105-8308　東京都港区虎ノ門4-3-12
カバーデザイン――水戸部 功
本文デザイン――高橋明香（おかっぱ製作所）
印刷所
製本所――三松堂

ISBN978-4-532-31905-2